O ENSINO DE HISTÓRIA
E A CRIAÇÃO DO FATO

Conselho Acadêmico
Ataliba Teixeira de Castilho
Carlos Eduardo Lins da Silva
Carlos Fico
Jaime Cordeiro
José Luiz Fiorin
Tania Regina de Luca

Proibida a reprodução total ou parcial em qualquer mídia
sem a autorização escrita da editora.
Os infratores estão sujeitos às penas da lei.

A Editora não é responsável pelo conteúdo dos capítulos deste livro.
O Organizador e os Autores conhecem os fatos narrados,
pelos quais são responsáveis, assim como se responsabilizam pelos juízos emitidos.

Consulte nosso catálogo completo e últimos lançamentos em **www.editoracontexto.com.br**.

O ENSINO DE HISTÓRIA E A CRIAÇÃO DO FATO

JAIME PINSKY (ORGANIZADOR)
CIRCE BITTENCOURT
ELZA NADAI
NICHOLAS DAVIES
PAULO MICELI

Edição revista e atualizada

Copyright © 2009 Dos Autores
Todos os direitos desta edição reservados à
Editora Contexto (Editora Pinsky Ltda.)

Imagem de capa
"Batalha dos Guararapes", óleo sobre tela,
1758, autor desconhecido

Diagramação
Gapp Design

Montagem de capa
Gustavo S. Vilas Boas

Preparação de textos
Lilian Aquino

Revisão
Daniela Marini Iwamoto

Dados Internacionais de Catalogação na Publicação (CIP)
(Câmara Brasileira do Livro, SP, Brasil)

O ensino de História e a criação do fato / Jaime Pinsky
(autor e organizador). – 14. ed., 9ª reimpressão. – São Paulo :
Contexto, 2024.

Outros autores: Elza Nadai, Paulo Miceli, Circe Bittencourt,
Nicholas Davies
ISBN 978-85-7244-419-4

1. História – Estudo e ensino 2. História – Filosofia I. Nadai,
Elza. II. Miceli, Paulo. III. Bittencourt, Circe. IV. Davies,
Nicholas. V. Pinsky, Jaime.

08-11304 CDD-907

Índice para catálogo sistemático:
1. História : Estudo e ensino 907

2024

EDITORA CONTEXTO
Diretor editorial: *Jaime Pinsky*

Rua Dr. José Elias, 520 – Alto da Lapa
05083-030 – São Paulo – SP
PABX: (11) 3832 5838
contato@editoracontexto.com.br
www.editoracontexto.com.br

Sumário

Apresentação 7

Nação e ensino de História no Brasil 11
Jaime Pinsky

O ensino de História e
a "pedagogia do cidadão" 27
Elza Nadai

Uma pedagogia da História? 37
Paulo Miceli

As "tradições nacionais" e
o ritual das festas cívicas 53
Circe Bittencourt

Repensando a noção de
tempo histórico no ensino 93
Elza Nadai e Circe Bittencourt

As camadas populares nos livros
de História do Brasil 121
Nicholas Davies

O organizador 139

Os autores 141

Apresentação

Alguma coisa acontece e a imprensa noticia. Com destaque. Alguns até insinuam estar diante de um fato histórico. Seriam, pois, os jornalistas que "criam" o fato? É claro que não. Aquilo que parece ser muito importante para os que estão vivendo um determinado acontecimento pode não ter significado maior para as gerações seguintes, ou mesmo para a mesma geração, alguns dias depois. Por outro lado – e este livro vai demonstrar isso –, certos processos que passam despercebidos pela mídia podem ser considerados fundamentais, mesmo no futuro próximo. E, ainda mais, séculos depois.

Quem será que pode assegurar a importância histórica de um acontecimento? Mais ainda, quem determina o grau de historicidade de um fato? Afinal, como a maior parte dos livros didáticos – fonte de conhecimento histórico para os alunos – costuma se referir à mesma série de eventos, seria de se supor que alguém, com muita autoridade e competência, determinou antes a importância de cada um. Será que uma equipe de historiadores se reúne, de tempos em tempos, e monta uma relação de fatos históricos segundo a sua importância?

O mecanismo não é esse. Os historiadores, esses "criadores" do fato, dão valor a cada um de acordo com uma série de critérios: no limite defendem determinada ideologia e catam, no passado, acontecimentos que possam reforçar seu universo teórico. Nazistas inventavam um passado em que supostos arianos eram sempre dominantes. Esquerdistas isolavam as revoluções e rebeliões, reais ou imaginárias, e as apresentavam como principal motor de mudanças no mundo. Feministas catavam no tempo e no espaço tribos de amazonas, sociedade sem homens, em que as mulheres prevaleciam. Cada nação conta uma história diferente. O que é guerra de libertação para uma é de opressão para outra. Para esse tipo de historiador nem é necessário *mentir* sobre os fatos, basta *omitir* o que não interessa à demonstração de suas teses...

Para não incorrer numa História do tipo acima, chamada de presentista (quando o presente determina o resultado da escrita histórica, e, portanto, a distorce) existem aqueles que se voltam a uma História descompromissada, do passado pelo passado. Ora, o *aqui* e *agora* são fatores que determinam a investigação que vamos fazer, o tema que queremos definir, mas temos que ter a honestidade científica de sermos fiéis ao resultado de nossa investigação. Uma História não pode ser feita baseada em preconceitos.

E basta verificarmos no calendário o nome dado a alguns dos acontecimentos considerados importantes em nosso país para percebermos a carga de valores com que eles nos são apresentados. Ou até de como têm sido celebrados. São reveladores não só de quem os batizou, como de quem os comemora: temos, por exemplo, uma *inconfidência* (a mineira), uma *intentona* (a comunista), uma *proclamação* (a da República), várias *revoluções* (1930, 1932, 1964), algumas *expulsões* (franceses, holandeses) e outras denominações que já prejulgam o fato que pretendem ressaltar. Será que um movimento nitidamente antirrevolucionário, contrário a mudanças sociais, como o de 1964, pode ser adequadamente denominado *revolução*, sendo que a definição desta seria "mudança estrutural em ritmo acelerado"?

Da maneira como a maioria dos manuais insiste em nos apresentar a História, esta parece ser, efetivamente, a "ciência do passado". *Ciência*, no sentido positivista, suposta detentora de verdades universais e definitivas, imutáveis e indiscutíveis. E *do passado*, pois a História não tem, para muitos, nenhum compromisso com o presente, já que só se preocuparia com "o acontecido". Essa concepção de História, embora muito criticada "em tese" e fruto de chacotas, ainda é utilizada na prática de muitos historiadores, autores e professores para quem historiar é simplesmente relatar algo que já ficou para trás. Presos a uma cronologia estabelecida há muito tempo, evitam fazer "cortes" criativos, refugiando-se na assepsia de uma História pretensamente neutra.

Para outros, homens e mulheres são apenas peões de "movimentos" históricos invisíveis e predeterminados. Nesse caso, a História é quase uma narrativa religiosa, as entidades divinas substituídas por entidades teóricas igualmente teleológicas.

Ainda numa outra vertente, e muito em moda nas universidades, existe uma História em pedaços e sem compromissos. Para esses pesquisadores, a investigação não é mais do que um estudo, sem nenhum objetivo de conhecimento social. Seria uma espécie de arte resultante de um suposto talento do historiador. Na pressa de concluir seus mestrados e doutorados, os alunos pegam fatias cada vez mais finas do conhecimento histórico e se satisfazem em escrever monografias insípidas e inconsequentes, descontextualizando acontecimentos, desconhecendo processos históricos já conhecidos.

Os autores deste livro não entram em debates teóricos sofisticados, mesmo porque não é este o escopo da obra. Por outro lado, mostram, com clareza, como os fatos históricos são construídos, por quem e para quê.

O que não é pouco.

* * *

Esta obra reúne textos de Elza Nadai, Paulo Miceli, Circe Bittencourt e Nicholas Davies, além de um de minha autoria.

Nicholas, Paulo e eu fizemos uma revisão em nossos textos. Mas o essencial foi mantido, pois as questões que nos inspiraram a escrever continuam existindo.

J.P.

Nação e ensino de História no Brasil

Jaime Pinsky

O historiador é um pouco menos ignorante (ou um pouco mais pretensioso) que o comum dos mortais. Enquanto a humanidade busca, sem sucesso, resposta às eternas questões "de onde viemos", "para onde vamos?", o historiador acha que pelo menos consegue ser o profeta do passado, capaz de antever... o que já aconteceu.

De fato, nem isso é tão fácil de se fazer, já que é necessário que se tenha fontes significativas, abundantes e organizadas; pessoal bem treinado técnica e teoricamente; e, finalmente, mas não por último, verbas que permitam uma aproximação salutar e duradoura entre pesquisador e documentação. Eu acrescentaria a esses um fator subjetivo que chamaria provisoriamente de "vontade ou razão de fazer história".

Eu não diria que estes elementos estivessem sempre presentes no Brasil, onde a narrativa histórica está marcada, desde seu início, por uma série de equívocos. De fato, já em 1500, quando da "descoberta do Brasil", por Pedro Álvares Cabral ("descoberta" *sui generis*, pois a região já era habitada; por outro lado o nome Brasil só seria atribuído várias décadas depois) o escriba da armada, encarregado de narrar os eventos, registrava que a "terra era dadivosa" e que "em se plantando tudo dá". Com isso, Pero Vaz de Caminha inscreve seu nome entre os "explicadores" do Brasil, um daqueles seres privilegiados que, por horror ao empirismo, elaboram engenhosas teorias destinadas a explicar o global, sem contudo guardar qualquer compromisso com os fatos. Se o escriba tivesse tentado plantar alguma coisa, veria que grande parte do país é coberta por cerrados inadequados para a maior parte das lavouras, outra é semiárida e uma terceira só mantém sua umidade por conta de imensas árvores que, uma vez dizimadas, expõem ao agricultor um solo seco e arenoso. Pero Vaz já é, portanto, um daqueles historiadores que, quando levados a estabelecer um contraponto entre teoria e fatos, não têm dúvidas: pior para os fatos.

Depois dele tivemos uma longa série de "viajantes" que circularam pela região descrevendo a natureza e narrando suas impressões, como Jean de Léry (*Viagem à terra do Brasil*), André Thevet (*As singularidades da França Antártica*), Hans Staden *(Duas viagens ao Brasil)* e muitos outros. Registravam, como não poderia deixar de ser, um país em que o real cedia ao pitoresco, em que a natureza moldava a forma de existência e em que animais raros e índios eram igualmente tratados como seres estranhos, de espécie diferente da deles, europeus civilizados. Nessa fase, criaram-se mitos sobre as culturas indígenas que se mantêm até hoje e que não têm qualquer comprovação etnográfica, como a prática da antropofagia, a preguiça, a desorganização social, o primitivismo técnico e assim por diante. Essas concepções ficaram a tal ponto arraigadas, de tal maneira elas continuam sendo reproduzidas pelos manuais didáticos, que se torna difícil mostrar aos estudantes que são falácias, representações decorrentes de uma visão ideológica.

Na verdade, os índios brasileiros, no geral, não praticavam a antropofagia: tinham as técnicas adequadas à sua forma de vida, praticando a rotação de terras, por exemplo; sua organização social era extremamente complexa, como estudos posteriores demonstraram (veja-se, por exemplo, as importantes pesquisas de Claude Lévi-Strauss); e quanto ao trabalho, não estavam seguramente imbuídos da ideologia capitalista nem da visão cristã que acena com a salvação através da penitência (não por acaso circula a conhecida anedota que diz que tudo que é gostoso ou engorda ou é pecado – e, em alguns casos, é pecado e engorda...).

Assim, como se vê, a pré-história da história do Brasil não se constitui numa visão brasileira sobre o país. A rigor, pode-se dizer que o primeiro historiador brasileiro é um alemão acidentalmente nascido em Sorocaba, perto de São Paulo, chamado Francisco Adolfo Varnhagen. Sob sua ótica é que o Brasil iria se transformar em nação.

O SURGIMENTO DA NAÇÃO

O trabalho de Varnhagen pode hoje ser visto como uma busca da nação no Brasil de meados do século XIX. Acontece que, aqui, ao contrário do que acontecera na França, Inglaterra ou mesmo nos Estados Unidos, havia o Estado, mas a Nação ainda não tinha se organizado. A especificidade da colonização portuguesa, a rala presença de imigração de grupos familiares (que só começaria a ganhar peso em fins do século XIX), a continuação do trabalho escravo, a ausência de comércio interno significativo são alguns dos fatores que retardaram algo que se pudesse considerar uma nação no sentido moderno da palavra.[1]

Por outro lado, a emancipação política do Brasil dá-se de forma muito particular, liderada que foi pelo próprio filho do rei de Portugal e com a anuência deste, em 1822. Uma transição sem mudança, típica de um país que não reforma, concilia.[2] A chamada "independência do Brasil" ocorre graças ao entusiasmo de camadas urbanas rarefeitas e educadas em Portugal, mas principalmente devido ao interesse dos latifundiários proprietários de escravos que pretendem com isso livrar-se do mercador português, ao seu ver beneficiário duplo da estrutura socioeconômica, na medida em que trazia escravos para o Brasil e levava o açúcar, o fumo e outros produtos para o mercado europeu.

Falar em *consciência nacional* dos senhores proprietários de escravos não tem, pois, o menor sentido. Mas, contraditoriamente, o processo de emancipação política cria uma interiorização no processo decisório; estimula o comércio criando, paulatinamente, o espaço nacional; aumenta o número e o porte de cidades, centros administrativos necessários, numa organização própria; encaminha, enfim, o país em direção a um Estado nacional.

Varnhagen representa esses interesses todos – e suas contradições – e sua obra procura passar a ideia de uma nação já constituída, não mais em construção como de fato ocorria. Assim, a edição de sua *História geral do Brasil* é o momento decisivo do surgimento da nação brasileira... no papel. Mas, para uma nação existir em 1850, seria necessário demonstrar sua constituição ao longo dos séculos anteriores. E Varnhagen a constitui.

Na verdade, começa a constituí-la quando narra a chamada "invasão holandesa" ao Brasil, no final do século XVI até 1654. A ideia de que o Brasil (que não era independente, à época) fora invadido pelos holandeses que aqui se estabeleceram à revelia dos proprietários de engenhos de açúcar está na base de uma historinha contada até hoje aos jovens em manuais didáticos. Aí temos os personagens secundários da novela: os índios maus (ajudando os holandeses) e os índios bons e patriotas (ajudando os portugueses); temos também a figura cujo nome é até sinônimo de "traidor" no Brasil, Calabar, que teria de amigo "nosso" se tornado amigo "deles"; e temos, finalmente, o "sentimento nativista", um nacionalismo *avant la lettre*, fruto do suposto encontro de negros, índios e brancos, todos envolvidos pelo sentimento comum de identidade nacional.

Dessa forma, a luta contra a Companhia das Índias Ocidentais transforma-se na semente e ao mesmo tempo no primeiro fruto de um nacionalismo que parece absurdo aos nossos olhos, mas é apresentado como viável e legítimo pela pena de Varnhagen.

Holandeses são inimigos, portanto. O fato de parte deles, saindo do nordeste brasileiro, ter acabado por se instalar numa vilazinha situada às margens do Hudson, na costa oriental dos

EUA, e essa vilazinha ter crescido um bocado e se transformado em Nova Iorque não interessa a Varnhagen. A maldade dos holandeses reside no simples fato de eles se oporem à união de brancos, índios e negros, a base da sociedade e da nação. Eles representavam o "inimigo objetivo", aquele graças ao qual a nação se une e mostra sua verdadeira faceta. Todo o resto não precisa e não deve ser contado aos alunos, pois não combina com a teoria...

Dessa forma Varnhagen acreditava na existência de uma nação brasileira. Nação para ele – e essa concepção era europeia, talvez até germânica – era algo constituído por homens livres de uma única raça (brancos, é claro), agindo como cidadãos. Por isso ele negava a escravidão, atribuindo-a a um "erro histórico": atitude que seria repetida por muitos autores mais tarde.

O que nos interessa aqui é perceber que algumas ideias básicas de Varnhagen relativamente ao surgimento da nação acabaram se tornando lugar-comum e aparecendo como fatos indiscutíveis em praticamente todas as obras didáticas posteriores, até hoje. Ao falar do sentimento nativista, do estrangeiro explorador, da unificação nacional além e acima das desavenças eventuais, passa-se ao aluno uma visão de mundo que tem a ver com o seu presente e não com o passado supostamente narrado com objetividade. Integra-se o aluno numa corrente secular de pertinência e identidade que inclui ao mesmo tempo a luta contra os holandeses em Guararapes,[3] contra os italianos e argentinos no futebol, contra os adversários de nossos pilotos nos circuitos automobilísticos, e contra os inimigos eternos que, com "ideologias exóticas", pretendem solapar a unidade nacional. Que essa pretensa unidade seja construída por pessoas tão diferentes social, cultural e economicamente parece não importar. O mito da união nacional, do sentimento de brasilidade, destilado em doses históricas homeopáticas, não admite revisão na biografia dos heróis, nos momentos de solidariedade nacional, na história dos que fizeram o país do jeito que ele está: forte e unificado.

Varnhagen é, pois, o criador da nação brasileira, mesmo antes de ela existir de fato. O Brasil, como nação, só apareceria algumas décadas após a publicação de sua obra.

A NAÇÃO VIÁVEL

Nos últimos anos da escravidão, estabelece-se uma discussão que tem algo de kafkiana: o que fazer com os negros. Os africanos e seus descendentes, presença marcante e populosa em quase todo o país, haviam tido sua utilidade enquanto se constituíam força de trabalho cativa; no entanto, num país livre e formado de cidadãos vendendo livremente sua força de trabalho, fazendeiros, jornalistas e intelectuais de finais do século XIX se perguntavam sobre o que fazer com eles. No processo de passagem de mão de obra escrava para a livre não se cogita simplesmente transformar a característica da força de trabalho existente (de escrava para livre), mas busca-se imigrantes brancos, europeus e cristãos que propiciem aquilo que se imaginava ser a "melhoria da raça".

O negro, que não pedira para vir ao Brasil – na verdade fora trazido – e muito menos desejara ser escravo, passa, como dissemos, parecendo pesadelo de Kafka, a ser acusado de ter sido escravo (e, portanto, sem talento para ser livre), de ser negro e até de estar no Brasil, prejudicando a possibilidade de uma nação *comme il faut*. Ao contrário, o índio, sistematicamente massacrado de acordo com a expansão da fronteira agrícola, era idealizado e entrava como componente central da etnia brasileira. Claro que não se tratava do índio concreto, aculturado e marginal, desprezado até pelos miseráveis que trabalhavam na derrubada de matas, construções de estradas de ferro ou exploração de minas. A literatura exaltava o índio "em estado puro", imaginado, valente e orgulhoso, que preferia morrer a ser aprisionado pela tribo rival.[4] Fisicamente distante e idealmente reconstruído, o índio não incomodava, portanto.

Já o negro estava presente até nos espelhos das casas brasileiras. Um cabelo mais rebelde, um nariz mais achatado, uma pele mais morena denunciavam a extrema miscigenação racial ocorrida aqui. Às vezes sacramentada pelo casamento, em outras simples frutos de aventuras na senzala e na cozinha, os contatos inter-raciais deram origem a inúmeros "agregados", figuras comuns em muitas famílias brasileiras e documentadamente denunciadas pelos censos realizados no país.[5] A abolição da escravidão devia representar, pois, a abolição da negritude, do negro concreto e do negro que cada um tinha em si. A nação monorracial dependia disso.

O impasse estava colocado. Uma nação se construía com cidadãos brancos livres, esta era a premissa do silogismo. No Brasil havia negros ex-escravos em grande número: logo, a conclusão seria pela impraticabilidade da nação brasileira.

Feito um psicótico maníaco-depressivo, o país oscilava entre afirmações do tipo "este país não tem jeito" até o ufanismo irracional do "melhor" em tudo.

Gilberto Freyre foi quem encontrou uma saída para o impasse, negando não a existência da escravidão (algo completamente contra os fatos), mas o seu caráter. Para ele, ao contrário do que acontecera em países de colonização anglo-saxônica ou hispânica, a escravidão no Brasil tivera um caráter benigno, graças ao espírito generoso do português. Prova disso seria exatamente a miscigenação intensa em nosso país, ao contrário de outros. Ora, é diferente a possibilidade da integração nacional entre um senhor paternal e um escravo filial e a integração entre senhores e escravos em oposição radical, continua Freyre. As sequelas da escravidão não teriam comprometido as relações entre brancos e negros, senhores e escravos, daí a possibilidade da continuação da convivência, agora entre cidadãos com direitos iguais.

Essa leitura da escravidão, aqui simplificada e talvez até caricaturada, explicaria não só a viabilidade, como ainda a particularidade do Brasil mulato, cadinho de raças, mistura generosa que tende para o tipo brasileiro.

Esse é outro valor que aparece em nossos livros de História: a ideia de um Brasil sem preconceito racial, onde cada um colabora com aquilo que tem para a felicidade geral. O negro com a pimenta, o carnaval e o futebol; o imigrante com sua tenacidade; o índio com sua valentia. Negando o preconceito, guarda-se o fantasma no armário ao invés de lutar contra ele. O menino negro pobre, duplamente segregado, aprende que além da unidade nacional formamos uma unidade racial. A história que ele aprende não lhe diz respeito, é a de um Brasil construído na cabeça dos ideólogos e não na prática histórica, dentro da qual, afinal, ele vive.

Até a década de 1940, a leitura de Varnhagen e Freyre podia não criar contradições muito profundas na cabeça dos alunos, já que só a partir dessa data é que as classes populares começam a ter acesso à escola.[6] A criação dos cursos noturnos, na década seguinte, abre as portas das escolas a um contingente que até então não tivera acesso a elas, mas que precisa ser alfabetizado e mais bem treinado para ocupar seu lugar numa sociedade em acelerado processo de industrialização e urbanização em que o Brasil vai se transformando.

A História engajada

Em fins dos anos 1950 e, mais ainda, no início dos anos 1960, a preocupação com as ciências da sociedade ampliou-se muito. Era o tempo das "reformas de base", mudanças exigidas por operários, estudantes e setores da classe média no sentido de modernizar e democratizar a divisão das riquezas do país.

Uma ênfase muito grande é dada nesse período ao estudo do que se convencionou chamar de "realidade brasileira", ramo do conhecimento que misturava com a harmonia possível (nem sempre a recomendável), pitadas de Sociologia com aspectos de Economia, passando pela Ciência Política e a Geografia. A História positivista ensinada nas escolas era considerada (não sem certa razão) uma visão reacionária da sociedade e os melhores estudantes faziam grupos de estudos em que Caio Prado Júnior, Karl Marx, Celso Furtado e outros funcionavam como ponto de partida para uma tentativa de autocompreensão como seres históricos.

O golpe militar de 1964, derrubando o governo populista de João Goulart, ainda permitiu essas discussões por mais quatro ou cinco anos, mas inibiu, desde logo, os reflexos dessa efervescência no ensino médio. Os manuais didáticos praticamente não se alteram, os estudantes continuam decorando nomes de faraós egípcios e presidentes brasileiros, batalhas napoleônicas ou vitórias brasileiras na luta contra os "ferozes" paraguaios. Histórias de reis, heróis e batalhas, redutoras do homem à categoria de objeto ínfimo no universo de monstros grandiosos que decidem o caminho da humanidade e o papel de cada um de nós, simples mortais.

O caráter alienador dessa história manifesta-se mesmo através daqueles que a apreciam, pois, na verdade, apreciam na história o seu caráter alienante. É o caso dos que sonham com conquistas infindáveis de Napoleões e Alexandres, mas cuja timidez não permite uma abordagem à bela colega de classe; das que tentam fugir do prosaico do cotidiano imaginando-se românticas princesas cortejadas por cavaleiros andantes; dos que passam horas diante da televisão com medo do mundo, mas colocam imaginariamente em suas cabeças as coroas do Alto e do Baixo Egito; ou ainda daqueles que introduzem seres extraterrenos estabelecendo conexão entre incas e egípcios, transportando as dez tribos de Israel para os Estados Unidos ou ensinando Matemática e Astronomia aos babilônios.

Dessa forma, a história pode adquirir um caráter de fuga, ao invés de caráter integrador. É evidente que poderíamos dizer que a fuga é uma forma de integração. Ela pode ser "funcional", adequando melhor o indivíduo concreto sem integrar seus sonhos ou desejos mais secretos. Mas não creio seja esse o papel que sonhamos para a História.

De qualquer modo, a generalização de uma preocupação crítica com a história deve ser datada dos anos 1970, quando as gerações saídas da universidade anos antes começam a encontrar legitimidade intelectual e ensaiam um ensino mais preocupado com o social.

Essa preocupação vai chocar-se, contudo, com as difíceis condições de trabalho, salários insignificantes, desvalorização social do professor, massificação do ensino, e despreparo dos alunos. Além de tudo vemos uma safra de livros didáticos de qualidade duvidosa, historicamente falando, embora coloridos e atraentes do ponto de vista formal.

Com a banalização via exaltação do herói individual, os livros vulgarizam a análise marxista transformando-a numa visão economicista de um historicismo primário. Há livros em que o faraó *cria*, com as próprias mãos, o modo de produção asiático, que de categoria teórica discutível vira algo concreto, palpável, fruto de um decreto do político todo-poderoso de plantão. Na busca de "razões econômicas" do "processo histórico" e da "lógica do sistema", o homem, razão última do estudo histórico engajado, é esquecido. Substitui-se o *positivismo* – com sua série desconectada de causas/efeitos – pela *teleologia*, em que há uma causa primordial para todos os fenômenos e a tendência deles para um fim necessário.

Um colega foi interrompido pelos alunos quando discutia a coexistência do trabalho escravo com o livre nas lavouras paulistas de café com uma pergunta que não podia disfarçar o aborrecimento pela perda de tempo: "Afinal, mestre, vamos ao que importa. De que modo de produção o senhor está falando?".

A stalinização da visão histórica e os esqueminhas prontos em livros de duzentas páginas (os fatos eram simples recheios dispensáveis) revelavam uma vontade muito grande de participação, uma certa generosidade juvenil, mas uma leviandade histórica indisfarçável. Essa visão resistiu durante o período do "frentismo", em que diferentes setores da sociedade se uniram para resistir (a) ou combater a ditadura militar. Com o início do longo processo de transição para a democracia formal, os grupos foram se separando e se reagrupando e isso vai ter um significativo reflexo sobre ensino e pesquisa de História em nosso país.

A REVOLUÇÃO QUE NÃO HOUVE

Os esquerdistas que queriam uma revolução no início dos anos 1960 não apenas não conseguiram concretizá-la como assistiram, com o golpe militar de 1964, a um processo contrarrevolucionário dentro do qual as novas gerações foram educadas. Desde então o país mudou muito. Urbanizou-se, industrializou-se, modernizou-se em termos de transporte e comunicação. O número de escolas superiores cresceu várias vezes, a competitividade se multiplicou na mesma proporção.

Antes alguém entrava num curso de História por razões políticas ou por uma visão alienada da história. Hoje o pragmatismo é o fio condutor das escolhas, e uma vez dentro do curso, os alunos rapidamente se aliam aos professores que detêm mais poder político com vistas a uma pós-graduação, a uma carreira. A generosidade, o despojamento são coisas de um passado heroico. Heroico, porém, passado.

Será então o panorama sombrio, partilhado por viúvas de uma revolução frustrada e jovens pragmáticos sem grandes sonhos?

De alguma forma, sim, o panorama é desalentador.

Sinto em muita gente uma falta da "vontade ou razão para fazer história", a que eu me referia no início deste capítulo. E confesso estranhar o descompromisso com que alguns intelectuais burocráticos, especialistas em relatórios, cumprem as formalidades de sua profissão.

Em muitos casos, isso leva a um seccionamento do conhecimento, a uma especialização que subtrai do pesquisador a visão do conjunto e o remete friamente ao objeto de sua pesquisa. É como se um biólogo, ao pesquisar uma ameba, se apaixonasse por ela e não se preocupasse com a saúde dos homens, razão última de sua investigação.

Além disso, a nova moda do particular na história nos remete a uma visão aristotélica da história, a uma arte esgrimida com maior ou menor talento pelos Miguelângelos de arquivos, os Stravinsky das notas de rodapé...

Talvez essa atitude tenha uma explicação histórica que vai além dos modismos franceses (para grande parte da intelectualidade brasileira, Paris continua o centro do mundo e o rio sagrado é o Sena). Duas décadas de democracia tornaram o radicalismo teórico algo inconsequente, já que há espaço para todos os discursos e liberdade de organização partidária: a cátedra de História não tem mais por que ser transformada em palanque. Embora o intelectual brasileiro não goze de uma situação muito privilegiada em relação à burguesia, ele faz parte dos 20% de indivíduos integrados no sistema de produção e consumo e encontra-se acima da esmagadora maioria da população, podendo morar, ter carro próprio, acesso aos órgãos de divulgação, à educação formal para os filhos, à assistência médica decente etc.

Como qualquer elemento de classe média numa sociedade subdesenvolvida, o que ele mais teme é a proletarização, não tanto financeira, mas de *status*. A despolitização do seu discurso talvez signifique uma ruptura de sua aliança com as classes subalternas.

Como pode, talvez, significar outra coisa como "a revolução falhou, por essa trilha não chegaremos a lugar nenhum, vamos experimentar outro caminho".

Nessa direção, pode-se captar alguns sinais alentadores. Há um maior rigor nos estudos históricos; cultiva-se verdadeiro horror pelo discurso demagógico e populista; verifica-se a superação dos esquemas teleológicos. Com isso novos objetos e novas metodologias penetraram no universo limitado e já mofado da velha história. E os melhores profissionais, assim como significativos grupos de professores, já estão saindo atrás do homem (e da mulher) na história.

Esmagado duplamente, de um lado pelo herói, do outro pelo "processo" do qual era vítima passiva, o homem começa a ser descoberto como agente real da história, como aquele que atua para que ela possa ocorrer. Aos poucos a diferença entre a história natural e a história social deixa de ser apenas uma concepção teórica e passa a entrar na vida do historiador e do estudante.

Busca-se historicidade, evita-se o historicismo: ao se tratar de um homem noutro momento histórico, resgata-se sua particularidade sem abandonar sua universalidade, enquanto ser humano.

Tenho esperança de que a História no Brasil caminha por aí. Afinal, muito se espera dela num país como o Brasil onde o saber pode se tornar um elemento importante no processo de mudanças sociais.

Notas

[1] A respeito de Varnhagen, vide o instigante livro de Nilo Odália, As formas do mesmo, um estudo de historiografia, São Paulo, Unesp, 1997. Sobre a questão nacional, vide meu artigo "A formação do Estado nacional no Brasil", em Hector Bruit et al., Estado e burguesia nacional na América Latina, São Paulo, Ícone, 1985, pp. 61-85.

[2] José Honório Rodrigues em seu *Conciliação e reforma no Brasil* (Rio de Janeiro, Civilização Brasileira, 1965), desenvolve tese fundamental a respeito do assunto.

[3] Batalha de Guararapes foi aquela em que os holandeses teriam sido definitivamente derrotados pelas forças afro-índio-portuguesas.

[4] Gonçalves Dias é o principal poeta desta fase, com seus poemas plenos de sonoridade, feitos para serem declamados em elegantes tertúlias noturnas.

[5] Os "maços de população" dos arquivos públicos não deixam dúvida sobre a presença dos agregados nos grupos familiares.

[6] Cf. Elza Nadai, "A escola pública contemporânea: os currículos oficiais de história e o ensino temático", em Sociedade e trabalho na História, São Paulo, ANPUH/Marco Zero, 1986, pp. 99-116.

O ensino de História e a "pedagogia do cidadão"

Elza Nadai

A História como disciplina escolar autônoma surgiu nos fins do século XIX, na Europa, imbricada nos movimentos de laicização da sociedade e de constituição das nações modernas, sendo marcada por "duas imagens gêmeas" no dizer de François Furet: a genealogia da nação e "o estado da mudança, daquilo que é subvertido, transformado, campo privilegiado em relação àquilo que permanece estável". Genealogia e mudança serão assim os suportes do discurso histórico recém-instituído: "a investigação das origens da civilização contemporânea só tem sentido através das sucessivas etapas de sua formação".[1]

Essa autonomização do objeto histórico unificou duas tradições do século XVIII – uma a do discurso enciclopédico (da história filosófica), que vinha elaborando uma doutrina do progresso, e outra – a da elaboração metodológica – "um conjunto de técnicas e de saberes distintos, cronologia, diplomacia, viagens"[2] que o século XIX remodelou, de maneira mais orgânica, pela adoção do método científico, dado pela concepção positivista que, adotando a linguagem das ciências naturais, estabeleceu um novo sentido da história.

Este sentido constitui ao mesmo tempo uma imagem privilegiada (mas não única) do progresso da humanidade e uma matéria que deve ser estudada, um patrimônio de textos, de fontes, de monumentos que permitem a reconstituição exata do passado. É na confluência dessas duas ideias que se instala a "revolução" positivista: dá-lhes, as duas, a bênção da ciência. A história dali em diante já tem o seu campo e o seu método. Torna-se, sob os dois aspectos, a pedagogia central do cidadão.[3]

Portanto, a grande mutação do século XIX foi esta: "a história é a árvore genealógica das nações europeias e da civilização de que são portadoras".[4]

No Brasil, a constituição da história como "matéria de pleno direito" no dizer de Furet ocorreu no interior dos mesmos movimentos de organização do discurso laicizado sobre a história universal, discurso no qual a organização escolar foi um espaço importante das disputas então travadas entre o poder religioso e o avanço do poder laico, civil.

De fato, a historiografia da educação brasileira, já elaborada, permite afamar que no campo pedagógico, a História, no Brasil, evoluiu das dificuldades iniciais em se conceber certo consenso do alcance, programa, objeto e método da história da civilização ao alinhamento total, ainda no século XIX, com as duas vertentes assinaladas anteriormente para a Europa: "a história é a nação, a história é a civilização". Nesse sentido, a cultura clássica já havia indicado, desde o século anterior, o caminho, começando por colocar fora da história certos setores do imenso espetáculo dado pelas sociedades humanas. As viagens representam um inventário do espaço, antes de se tornarem geografia e antropologia. As civilizações não europeias, do passado e do presente, que exigem investimentos linguísticos especiais, tendem a constituir campos específicos [...]. Em sentido inverso, em razão da decadência do latim como língua escolar, a história erudita tende a recuperar progressivamente a Antiguidade greco-romana como matéria que deve ser ensinada sob um ângulo que não seja o de um modelo literário. Aquilo que constitui a identidade cultural da Europa das letras tornou-se agora a sua genealogia.[5]

Assim, se atentarmos para as questões postas pelos programas, currículos, pelas produções didáticas e demais recursos e materiais de ensino (e já há alguns estudos sobre isso), elas giraram, principalmente, sobre quem deveriam ser os agentes sociais privilegiados formadores da nação. Em outras palavras, procurou-se garantir, de maneira hegemônica, a criação de uma identidade comum, na qual os grupos étnicos formadores da nacionalidade brasileira apresentavam-se, de maneira harmônica e não conflituosa, como contribuidores, com igual intensidade e nas mesmas proporções naquela ação. Portanto, o negro africano e as populações indígenas, compreendidas não em suas especificidades etnoculturais eram os cooperadores da obra colonizadora/civilizatória conduzida pelo branco português/europeu e cristão. Em decorrência, instituiu-se uma tradição muito forte que privilegiou, nos estudos históricos, a constituição de uma nação organicamente articulada, resultante de um processo caracterizado pela contribuição harmoniosa das diversas classes sociais, pela conciliação e pela organização de um "bem comum", processo, portanto, que privilegiava o passado vivido e recuperado sem conflitos, divergências ou contradições. O passado aparece, contudo, de maneira a homogeneizar e a unificar as ações humanas na constituição de uma cultura nacional. A História se apresenta, assim, como uma das disciplinas fundamentais no processo de formação de uma identidade comum – o cidadão nacional – destinado a continuar a obra de organização da nação brasileira.

Esse fato foi reforçado no espaço escolar de duas maneiras distintas. De um lado, identificando as extremamente desiguais condições sociais dos alunos aos seus aspectos psicológicos individuais, em um processo de dissimulação das condições de desigualdade social inicial; e, de outro, pela institucionalização de uma *memória oficial*, na qual as memórias dos grupos sociais, das classes, das etnias não dominantes economicamente, não se encontravam suficientemente identificadas, expressas, representadas ou valorizadas.

Marc Ferro tem assinalado que "a história que se conta às crianças, aos adultos, permite ao mesmo passo conhecer a identidade de uma sociedade e o estatuto desta através dos tempos".[6] Assim, apreender o estatuto da História no Brasil é acompanhar a constituição do campo e do método da história que privilegia. E é também reforçar e instituir uma memória na qual a história serve de legitimadora e justificadora do projeto político de dominação burguesa, no interior do qual a escola secundária (hoje ensino médio) foi um dos espaços iniciais de formação da elite cultural e política que deveria conduzir os destinos nacionais, em nome do conjunto da nação.

Esse consenso começou a se desfazer, ainda, segundo Furet, em especial, depois da Segunda Guerra Mundial, "simultaneamente pelo exterior e pelo interior, em razão da evolução da disciplina e das ciências sociais em geral, e como consequência do fim da preponderância da Europa no mundo".[7]

No Brasil, este movimento é mais recente a nosso ver, e deve ser explicado por duas vertentes. De um lado, pelas modificações intrínsecas à constituição do próprio discurso histórico e de outro pelas modificações que alteram a feição e a natureza da escola secundária.

Internamente, a produção historiográfica foi se renovando e se revisando, na tentativa de se encontrar novas abordagens, novos rumos e novos problemas, portanto novos espaços de investigação. Temas até então não privilegiados pela historiografia tornaram-se objetos de reflexão dos profissionais da História, o que enriqueceu o seu campo; o mesmo ocorreu com a metodologia até então influenciada pela objetividade positivista, que passou a receber influências benéficas das demais ciências sociais, imprimindo mudanças substantivas na compreensão do que seja a história. O historiador, até então sujeito separado e independente do objeto de estudo, descobriu que também constrói o seu objeto de investigação, superando a ideia tradicional e ingênua de que os "fatos falam por si sós".

O conjunto das modificações foi tão intenso que não se trata mais de mudar um método ou substituir aleatoriamente um conteúdo por outro. Está em jogo a elaboração de um novo estatuto da História que responda afirmativamente às novas indagações. Assim, a conjuntura de crise da História que se instalou em nossos dias é antes de tudo uma "conjuntura de crise da história historicista", que tudo explica concatenadamente, na qual o depois é precedido pelo antes, num ordenamento evolutivo, em que cabe somente a noção de tempo histórico linear, evolutivo e uniforme. Assim,

> já não se trata da história historicista, que faz da escala do tempo o princípio dos progressos da humanidade, ritmados pela formação dos estados-nações e pela extensão da "civilização", ou seja, do modelo europeu. A história, hoje, pelo contrário, tem a característica de já não ser investida por um sentido prévio e implícito dado ao tempo e de ter rompido com esta visão linear que a tornava uma disciplina real encarregada de pesar os méritos dos diferentes "períodos" do passado.[8]

Ao lado (de) e paralelamente às mudanças no estatuto da ciência histórica ocorreram também transformações significativas na escola, sobretudo em função da entrada de crianças, jovens e adultos oriundos dos setores populares, antes marginalizados da instituição escolar. Esse movimento – iniciado nos anos 1940, intensificado nos anos 1950 com a estruturação dos cursos noturnos públicos (por exemplo, na cidade de São Paulo), e, nas décadas seguintes, ampliado com outras medidas educacionais (como a organização da escola de 1º grau – hoje ensino fundamental – com o fim dos exames de admissão e a tentativa de terminalidade nos estudos secundários – hoje ensino médio) – acarretou o surgimento de uma escola de natureza diferente da conhecida, que não mais pode ser identificada àquela escola secundária do passado, que o professor conhecia e tinha como referência e padrão.

Angústia, insegurança e impotência generalizada tomaram conta, inicialmente, do professor que percebia (e ainda percebe) contradições entre os discursos das autoridades educacionais e a realidade vivida na sua escola e na sala de aula: a expansão das matrículas não era acompanhada de medidas eficazes que pudessem viabilizar a permanência dos alunos na escola. A Pesquisa Nacional por Amostra de Domicílios, divulgada pelo IBGE, em abril desse de 1988, indica que

> na faixa entre cinco e nove anos de idade havia em 1986 nada menos de 10,5 milhões de brasileiros enquanto que o número de alfabetizados nessa faixa etária era de apenas 6,4 milhões. Da população com mais de 16 anos (101,8 milhões), cerca de 65 milhões não têm mais de cinco anos de instrução e 20,4 milhões não chegam a ter um ano de escolaridade. Apenas 5,13 milhões de brasileiros haviam estudado mais de 12 anos.[9]

Esses dados atestam, inegavelmente, a ilusão dos 8 anos de escolaridade mínima obrigatória, mais de 15 anos depois de decretada.

Até hoje, portanto, um dos maiores desafios de todos os que se responsabilizam pela construção de uma escola tendencialmente aberta à maioria da população ainda é garantir a permanência dos alunos na escola. Pouco sabemos, por exemplo, sobre a responsabilidade do nosso trabalho, como professores de História, no agravamento dessa situação. Até que ponto a avaliação realizada e o nosso planejamento são conduzidos para ampliar a compreensão do significado desses dados numa realidade social mais abrangente? O quanto ainda não temos como referência "certos padrões comuns" de desempenho escolar que remontam ao passado? O quanto não procuramos, nós também, pela nossa prática, eliminar das nossas salas de aulas os "enjeitados", os "carentes", os mais "resistentes" à nossa influência, os "alunos problemáticos", os "analfabetos", para depois então podermos trabalhar bem com aqueles "mais dóceis"?

De uns anos para cá, entretanto, outras respostas têm sido buscadas para esse grande desafio. Ainda não nos movemos, nesse terreno, com segurança e firmeza. Avançamos pouco, retrocedemos depois, temos ainda muita insegurança na organização de currículos e programas que possam ser direcionados para captar a historicidade do momento e estabelecer diálogos entre o saber escolar tradicional – a História institucional – e os saberes dessa população que adentrou a escola. É preciso, entretanto, continuarmos trabalhando, no sentido de ampliar o nosso conhecimento e nossa reflexão sobre a sua identidade como grupo e agente histórico. O que está em jogo, o grande desafio, seja da historiografia, seja do ensino – e que emergiu, como dissemos, só muito recentemente entre nós, na década de 1970 –, é o fato de se identificar outros agentes sociais, que não os privilegiados tradicionalmente, como atores principais da sua própria história e, em decorrência, do devir histórico: as classes dominadas, os setores trabalhadores e os despossuídos da sociedade brasileira. Essa história, no dizer ainda de Furet, "persegue os segredos das sociedades e já não os das nações", embora não os perca de vista, "mesmo quando refaz o passado a partir de ângulos de aproximação diferentes dos anteriores, clarificando desta maneira o nacional através do social".[10]

É nesse sentido que devem ser conduzidos e valorizados todos os debates, todas as discussões. Menos do que tentativas de encontrar uniformizações em nosso trabalho, devemos buscar conhecer e explicitar a trajetória de constituição da História enquanto disciplina pedagógica. Nesse movimento, se reconhecem e se elucidam, também, os agentes contemplados, seus interesses aceitos bem como os negados. As perspectivas surgirão do seu bojo e deverão dar conta de encontrar e esclarecer a ação e a contribuição do conjunto dos agentes sociais presentes na história e não somente dos privilegiados tradicionalmente. Esse é o grande desafio a que nós professores e pesquisadores de História devemos responder.

Notas

[1] François Furet, A oficina da História, Trad. Adriano Duarte Rodrigues, Lisboa, Gradiva, s/d., p. 132.

[2] Idem, p. 134.

[3] Idem, p. 135.

[4] Idem.

[5] Idem, ibidem. Vide meu artigo "A escola pública contemporânea: os currículos oficiais de História e o ensino temático", em Revista Brasileira de História, São Paulo, 6 (11), pp. 99-116, set. 1985, fev. 1986.

[6] Marc Ferro, Falsificações da História, Trad. Casais Franco, Lisboa, Publicações Europa-América Ltda., s/d., p. 16.

[7] François Furet, op. cit., p. 134.

[8] Idem, p. 12.

[9] "Parte dos mais pobres na renda nacional cresceu no Cruzado", Folha de S.Paulo, São Paulo, 8/4/1988, p. A-31.

[10] François Furet, op. cit., p. 8.

Uma pedagogia da História?

Paulo Miceli

Dar título interrogativo a um texto,[1] especialmente dirigido aos professores de História, pode parecer incoerente, porque, no dia a dia, o que mais os docentes recebem são instruções imperativas, contidas nos programas oficiais e nos livros didáticos, destinadas a orientar suas atividades na sala de aula. Invariavelmente, essas instruções atribuem aos professores a responsabilidade pela condução dos alunos por caminhos que levem ao pleno exercício da cidadania, cabendo-lhes acompanhar – sem dirigir – os passos iniciais do processo de formação da consciência crítica dos estudantes.

COTIDIANO EDUCACIONAL

Para desempenhar, de modo satisfatório, sua *missão*, o docente deve partir da experiência cotidiana dos alunos, oferecendo elementos que lhes permitam ultrapassar as sempre lembradas formas tradicionais de ensino da História, que parecem valorizar, principalmente, o sentimento de pertencer (para servir) a uma grande nação, assim como fizeram os heróis responsáveis pela sua construção. Como se sabe, os heróis formadores do panteão da pátria foram perdendo seu lugar de destaque, sendo substituídos por heróis *coletivos*, representativos de identidades relativas a grupos sociais específicos, aos quais acabaram atribuídos os papéis centrais da cena histórica.

O propósito deste capítulo, contudo, não é discutir a pertinência ou oportunidade dessas mudanças, pois isso deslocaria o foco da análise que aqui se pretende – voltada, especificamente, para o papel do professor responsável pelo ensino da disciplina.

Uma das principais regras indicadas para o bom desempenho da função docente é aquela que recomenda a valorização da experiência cotidiana dos alunos. Sobre isso, pode-se perguntar quais experiências cotidianas do aluno podem servir ao professor de História, para que ele cumpra seu papel formador? Mais ainda, como considerar a aplicação dessa vivência para fortalecer as bases da cidadania, desde os anos iniciais de estudo?

Em primeiro lugar, convém lembrar que não é apenas a escola – e nela o professor de História – a responsável pela educação dos cidadãos, pois as bases dessa formação já são trazidas à sala de aula pelos estudantes. Adquiridas e ampliadas nos espaços sociais que o aluno frequenta – o que inclui, com destaque, a família –, é a partir delas que o professor pode realizar seu trabalho, valendo-se de sua própria formação e experiência. Assim, quando o professor de Ciências, por exemplo, orienta seus alunos a depositarem um grão de feijão sobre um algodão que deve estar sempre umedecido, ele conhece, previamente, o resultado da experiência, e é por isso que pode *ensiná-la*. Saber, portanto, é condição indispensável para produzir, ampliar e transmitir conhecimento, e o professor de História não escapa disso.

É claro que trabalhar com uma experiência desenvolvida no laboratório da escola e lidar com a vida social do presente e do passado são coisas muito diversas. No primeiro caso, os resultados são programados, previsíveis e podem ser repetidos infinitamente; no segundo, são produzidos pelo conhecimento. Além disso, não se deve esquecer que, no caso da História, o professor também faz parte do *laboratório* que estuda e onde se desenvolve a aprendizagem: os compromissos políticos do professor de Ciências não determinam o resultado de suas experiências, ao contrário do que acontece com o professor de História, cujas opções acabam caracterizando seus procedimentos, em todo o processo de ensino e aprendizagem.

Mas não seria possível ensinar História de modo neutro? A provável resposta à pergunta pode desdobrar-se em um sem-número de questões, tais como: "É possível ser neutro frente à violência da conquista da América?"; "É possível ser neutro frente ao trabalho escravo?"; "É possível ser neutro frente aos campos de extermínio nazistas?"; "É possível ser neutro frente ao bombardeio de Hiroshima e Nagasaki?". Ora, é impossível trabalhar esses temas com a mesma isenção do professor que ensina a regência dos verbos, o que não significa que este professor e aqueles das demais disciplinas não tenham compromisso com a educação dos futuros cidadãos. A diferença é que ensinar História também significa comprometer-se com uma estética de mundo, onde guerras, massacres e outras formas de violência precisam ser tratados de modo crítico.

Por isso, conquanto não se deva negligenciar as experiências de vida dos alunos, parece óbvio que elas podem ser mais bem aproveitadas a partir dos conhecimentos e da sensibilidade que conformam a consciência do professor de História.

Missão docente

Ensinar ou *levar a aprender*? Mais uma pergunta que pode, imediatamente, desdobrar-se em questão: é possível levar a aprender sem ensinar? Se o professor não tiver clareza sobre o sentido e aplicação de conceitos como *cidadania, diferença, semelhança, permanência, transformação, questionamento, convivência* e outros que compõem o vocabulário dos programas e materiais de ensino, como será possível conduzir ou mesmo participar de um projeto de aprendizagem? Além disso – lembrando que a vida cotidiana não se desenrola ao sabor de ideias e conceitos abstratos –, como lidar, na prática, com palavras ou ideias que compõem o vocabulário acadêmico, mas permanecem distantes dos ambientes escolares?

Considerando que o aluno deve ser incentivado a desenvolver uma espécie de sentido histórico, para atuar no mundo em que vive, cabe ao professor de História disponibilizar elementos que possam auxiliar esse processo de conscientização. Mas onde buscar esses elementos?

Todos sabemos que os planos oficiais de educação são formulados, quase exclusivamente, por especialistas que atuam na universidade, onde está o chamado ensino superior. É aí que se debate a qualidade do ensino. É aí que são criadas as medidas usadas para avaliar o desempenho de professores e alunos. É daí que vêm as avaliações dos livros didáticos. É aí que nascem as recomendações a serem seguidas pelos demais níveis de ensino, o que representa uma hierarquização prejudicial e preconceituosa dos papéis docentes. Finalmente, é aí que os órgãos governamentais recrutam seus principais quadros.

Pensemos, agora, em uma ideia que, de tão repetida, parece ter esvaziado seu sentido: "o professor que atua nos níveis fundamental e médio não deve assumir-se como aplicador passivo das orientações geradas pela reflexão acadêmica". Além disso, mesmo reconhecendo que essas orientações costumam ser valiosas e bem elaboradas, convém lembrar que sua aplicação na prática docente vai depender, sempre, da compreensão que o professor tiver delas.

Antes de considerar cada uma dessas questões, é oportuno registrar que elas devem ser analisadas, tendo por base a experiência do professor, a começar pela sua formação, aqui entendida como um processo constante de aperfeiçoamento e atualização. É dessa formação que dependem as relações do docente com os programas oficiais, com o livro didático e outros recursos pedagógicos, além dos alunos, obviamente, que devem constituir o objetivo central de toda ação educativa.

Em primeiro lugar, importa lembrar que, para ensinar História, é preciso gostar de História. Só assim fórmulas e convenções consideradas tradicionais podem ser superadas ou aprimoradas, para pôr em seu lugar um ambiente marcado pela reflexão e animado pelo debate. Para que isso ocorra, torna-se imprescindível a prática constante da leitura, já que não se pode discutir algo que se desconhece e nem é possível "produzir conhecimento" a partir do vazio de informações. Mas onde buscá-las?

Leitura e acessibilidade

"Um país se faz com homens e livros", escreveu Monteiro Lobato (1892-1948), autor das primeiras histórias que as crianças liam em tempos passados. Mesmo que isso possa cheirar a saudosismo – já que o Saci parece definitivamente derrotado pelas nem tão novas personagens da ficção televisiva, cinematográfica ou das histórias em quadrinhos –, a frase do criador da Emília não perdeu a validade. Se ela fosse modificada para algo como "o futuro se faz com crianças iletradas", um problema sério saltaria aos olhos de quem se preocupa com a educação. Obviamente, aqui não se propõe a incineração de videogames, nem o fechamento das *lan houses* e sua transformação em bibliotecas de frequência obrigatória para os adolescentes, mas não é impossível estabelecer formas de convivência entre o moderno e (de novo!) o tradicional. Até aí, talvez, todos os professores concordem, já que poucas coisas são tão repetidas para justificar o baixíssimo rendimento dos estudantes brasileiros do que uma frase famosa: "Os alunos não leem".

De fato, não leem, ou leem pouco, mas essa constatação não impede que se pergunte sobre os procedimentos adotados pelos professores para que seus alunos sejam incentivados a ler. A questão se complica se lembrarmos outra ideia corrente, segundo a qual ensinar a ler parece tarefa exclusiva do professor de Português, o que eximiria os demais docentes dessa responsabilidade. Ora, no caso da História, ensinar e aprender também depende, fundamentalmente, da capacidade de leitura e compreensão, o que leva a uma consideração não muito elegante: antes de afirmar que "os alunos não leem", os professores poderiam pôr a questão a si mesmos, perguntando-se sobre seus próprios hábitos de leitura.

Para começar, seria importante que o professor de História fizesse um exercício de memória sobre sua formação e a importância que nela tiveram suas práticas de leitura – o que inclui livros, jornais, revistas e outras formas de comunicação (impressa ou não). Ao lado disso, conviria avaliar como esses hábitos foram ou não acrescentados pela frequência a teatros, museus, bibliotecas, exposições e outros espaços promotores de cultura. Finalmente, analisar quantas vezes e de que forma esses universos culturais foram compartilhados com os alunos. E não adianta dizer que todas essas coisas custam caro, pois as cidades estão repletas de possibilidades gratuitas para quem se dispuser a aproveitá-las.

Desse modo, a frase de Monteiro Lobato, que às vezes enfeita a parede de bibliotecas e salas de leitura sempre vazias, encontraria seu grande sentido e a leitura reencontraria seu valor pedagógico, auxiliando até nas práticas de busca em sites via internet, quase sempre feitas de modo aleatório e inspiradas no modelo "copia e cola", quando o que menos se faz é refletir sobre o que se lê.

Nunca é demais lembrar que fora dos bancos escolares, e além do livro didático, são pouquíssimas as pessoas que podem ampliar seus conhecimentos de História. E aquilo que, ao longo da existência, vai sendo acrescentado a esse minúsculo conhecimento pelos veículos de comunicação

(TV, jornais, internet) representa auxílio de qualidade duvidosa. Quanto ao cinema, para a maioria das pessoas, filmes *históricos* continuam sendo, apenas, aqueles que tratam dos romanos, da história da religião ou dos faraós, além dos filmes de guerra, evidentemente. O teatro – ainda menos ou mal explorado – continua sendo privilégio de seus raros frequentadores. Pode-se dizer, portanto, que a cultura histórica do brasileiro – também ela – é bastante reduzida, estando representada por alguns nomes, datas e fatos vagos, que, sem qualquer prejuízo, vão sendo esquecidos pela vida afora.

Entretanto, já que a escola – independentemente de sua qualidade – é uma das instituições mais presentes na sociedade, e já que ela ainda impõe o ensino de História, parece obrigação tentar aproximar esse conhecimento da vida social, principalmente quando se acredita que o ensino não deve promover, apenas, formas agradáveis de aproximação ao conhecimento.

Na versão original deste capítulo, afirmava-se que, enquanto o mundo *acontece*, a História – conhecimento compulsório para o aluno – parecia voltar-se para trás, sustentando-se numa sucessão de mortos-famosos, acontecimentos distantes e sem relação com a vida do estudante. O que se indicava aí era a proposta de uma espécie de *história militante*, onde estudo e vivência pudessem, de alguma forma, permanecer juntos. Mas como a expressão se presta a inúmeros usos e interpretações, convém tentar esclarecer desde já o que se pretendia e, ainda, se pretende.

Retificação da História

Alimentada pelo desencanto, vindo do fracasso de muitas utopias, a História da virada do século faz monumento de suas miniaturas e procura ocultar que toda ação cultural que se quer marcante deve ser contundente e ambicionar a universalidade, mesmo quando parta da mais extrema singularidade. Desse modo, quando se quer, por exemplo, repensar a História, é preciso considerar o sentido do próprio conhecimento, o que leva não somente à eleição de novos fatos ou acontecimentos, mas a uma nova relação entre estes e quaisquer outros fatos e acontecimentos, o que nada tem a ver com compromissos irrefletidos de culto ao novo, acompanhado do descarte do chamado conhecimento tradicional. Fatos e acontecimentos nada são além de arranjos ou montagens, mais ou menos conscientes, que podem ser desmontados pelo fazer histórico. Desse modo, *fazer* história pode começar pelo que seria a inversão de um quebra-cabeças: o acontecimento pronto e acabado, que sempre compõe uma imagem que ambiciona abranger a totalidade, deve ser decomposto para denunciar aos espectadores o arbítrio de sua construção, como se alguém mostrasse à plateia os fios invisíveis que sustentam os truques do ilusionista – tão sobrenatural quanto qualquer um de nós.

Na verdade, essas preocupações estão em boa parte da produção historiográfica profissional, mas o problema se agiganta quando se considera a chamada história de vulgarização, ou divulgação, que é aquela contida e contada na maioria dos livros e outros materiais didáticos. Ora, se se considerar que é no ensino que o trabalho do historiador pode (ou deveria) se relacionar com o conjunto da sociedade, a tarefa que se apresenta é a da retificação da História que alimenta a memória coletiva: "essencialmente mítica, deformada, anacrônica".[2] Infelizmente, a atitude de muitos professores em relação a isso é de tolerância e acomodação, o que significa mais ou menos admitir que um estudante do ensino fundamental possa multiplicar dois por três e chegar a nove, sendo mantido na ignorância para que, mais tarde, quem sabe ao atingir patamares mais elevados da hierarquia escolar, possa ser corrigido.

Por tudo isso, História é matéria difícil, e essa dificuldade não vem das datas e nomes com que já se imaginou poder ensiná-la, pois, se dependesse disso, ela seria apenas chata. Mas simplesmente apagar esses dados acaba levando o professor a uma espécie de beco sem saída, já que é impossível interpretar o que se desconhece. É que, assim como a obra de arte que sai das mãos do artesão resulta da retificação paciente, meticulosa e competente da matéria de que se serve, também a História só pode ser criada e recriada a partir de esforço semelhante, e isso exige, além de conhecimentos técnicos, muita sensibilidade, coisa que pode ser cultivada, mas não ensinada.

Ensino reformulado

Houve um tempo em que História era doutrinação e se destinava, antes de tudo, a formar, reforçar e manter os valores da nacionalidade, e a disciplina acabava se transformando no espaço cultural mais adequado à reprodução desses sentimentos. Na escola, a pátria era grande, a raça era forte, os governantes – menos alguns tiranos – amavam o povo e eram amados por ele, não havia sangue, nem lutas, nem desavenças... Todos, afinal, se entendiam na doce harmonia de um magnífico paraíso tropical, desenhado graças à ação dos excepcionais heróis imortalizados no panteão da pátria. Mas como o estudante também vivia fora da escola, cabia a ele enxergar para além dos rosários que era obrigado a repetir, para tapear seus mestres na hora da avaliação.

Impunha-se, portanto, reformular o ensino de História, e foram muitos os projetos imaginados para dar conta disso. A maior parte desses programas acabou virando exercícios de resultados nulos, pois as discussões avançaram, quando muito, até o questionamento da validade ou necessidade de inclusão de novos temas, como o *trabalho*, a *sexualidade*, a *religiosidade* e – claro! – a *vida cotidiana*, de resto coisas bem mais antigas do que a própria História enquanto disciplina. O fato é que essas propostas se sucederam e chegaram até o presente, sempre emolduradas por recomendações relativas à importância de incentivar a participação do aluno, o desenvolvimento de seu espírito crítico e da criatividade, além de outros mandamentos, destinados a salvar o rebanho do castigo da inconsciência e da acomodação. Na verdade, pouca gente sabe o que fazer a partir daí, pois isso não cabe em esquemas programáticos que tendam à homogeneização e à orientação rigorosa: mostra-se o valor dos voos, mas o professor continua sobrecarregado com as pedras de sua formação e com aquelas que a misérrima sobrevivência foi acrescentando, e se conseguir sair do chão será por pouco tempo. Perdeu o gosto da liberdade, assim como acontece aos pássaros engaiolados há muito tempo e aos animais domesticados, que dificilmente vão longe de quem os pôs ou manteve na prisão. Isso também pode explicar a posição submissa de tantos professores, ansiosos pela chegada dos profetas do *novo* ensino, que vão dizer a eles o que e como ensinar nas aulas de História. Enquanto isso, a questão de fundo permanece sendo o *para que, por que e para quem* esse ensino pode ter algum tipo de serventia.

* * *

Na Europa medieval, conforme entende o senso comum, toda forma reconhecida de produção e irradiação de conhecimento devia estar relacionada à Igreja Católica; nos dias de hoje, é principalmente o Estado o agente orientador das políticas de ensino. Parece claro, portanto, que essa atuação do Estado – enquanto mecanismo de concentração e irradiação de poder – não deve ser negligenciada, mesmo porque, em países como o Brasil, onde sua ingerência atinge os mais recônditos espaços da vida que deveria ser privada, o Estado assume um caráter de ubiquidade semelhante ao da Igreja medieval.

Por que não pensar, então, numa espécie de história militante? Militante, sim, mas não mais aquela História interessada na produção em série de fanáticos soldadinhos do partido, em luta permanente contra os agentes do mal. Esse raciocínio rasteiro já esgotou suas possibilidades e a montagem resultante de seu maniqueísmo cobre de sombras o que poderia justificar a própria História – nada mais, nada menos, do que uma das mais belas artes em que se revela a condição humana.

E são precisamente esses os atributos deixados de lado quando se trata de ensinar a disciplina. No texto atrás referenciado de Jacques Le Goff, menos do que um encerramento, o parágrafo de conclusão propõe uma abertura e desdobramentos para novas indagações e desafios: "pertence à própria natureza da ciência histórica estar estritamente ligada à história vivida de que faz parte. No entanto, pode-se e deve-se – e, em primeiro lugar, o historiador – trabalhar, lutar para que a história, nos dois sentidos da palavra, seja *outra*".[3] Os dois sentidos se referem: a) à história-realidade e b) à história-estudo dessa realidade, que tem como aspectos fundamentais "a cultura histórica, a filosofia da história, o ofício do historiador". Essa "segunda" história faz parte da "primeira" e tem, como ela, sua própria história.

Mas o que essa esquematização, tão sedutora em sua aparente simplicidade, teria a ver com aquilo que se discute aqui?

Ainda de acordo com o historiador francês, o Brasil integra o grupo dos "países oprimidos que lutam pela sua história como pela sua vida", o que não quer sugerir que a legitimação do trabalho dos profissionais da História dependa da transformação de seus instrumentos de trabalho em armas de combate, ou de sua passagem dos arquivos e bibliotecas para as trincheiras e campos de cultivo coletivos. Também não se propõe que esses profissionais devam pôr-se como guias de todos os oprimidos, em sua luta pela emancipação.

Com todas essas questões em mente, pode-se formular a pergunta final: o que se ensina quando se tenta ensinar História? Na verdade, ensina-se muito pouco, apesar de se pretender construir a verdade; uma verdade que diga respeito a todos.

É o que acontece, por exemplo, quando se julga um avanço dizer que existem, de um lado, opressores; de outro, oprimidos; de um lado, brancos-europeus-cristãos-civilizados, de outro, índios-e-negros-não-cristãos-e-não-civilizados; de um lado, fortes; de outro, fracos... Numa palavra: de um lado, bons; de outro, maus. E o historiador (tanto o profissional quando o "vulgarizador") se considera satisfeito ao se pôr do lado correto. Mas, esse lado correto, embora operacional e útil para a construção de discursos repetidos como refrão de canções de protesto – sem qualquer efeito depois de algum tempo –, possui uma "natureza ilusória". Ou seja, o que procura aproximar a história-estudo da história-realidade acaba ficando de fora das duas instâncias.

Assim, se a História tem um problema fundamental, ele diz respeito ao presente. É do que somos – ou julgamos ser – que devem partir as perguntas para que possamos ser o que queremos (ou precisamos) ser; não para julgarmos se o que se fez no passado esteve ou não correto – ambição de toda História moralista –, mas para entender, com a ajuda desse passado, porque fazemos o que fazemos hoje, apesar de tantas lições esclarecedoras. E se for preciso, nesse processo de autoesclarecimento, emitir juízos de valor, eles devem dirigir-se às práticas presentes, pois condenar ou enaltecer o passado não produz qualquer efeito, o que não quer dizer que a violência do feitor ou do senhor de engenho, por exemplo, não deva ser denunciada enquanto tal. O que parece inócuo é permanecer na denúncia e não desdobrá-la em exemplos de outras lutas mais ou menos sutis que se travam à nossa volta.

Enquanto essas questões não levarem à insônia os professores de História, eles continuarão pregando para as pedras do deserto e ninguém prestará atenção neles, pois parece mais interessante ver surgir, lentamente, uma plantinha de um pedaço de algodão umedecido do que ouvir relatos sobre a formação e desintegração de grandes impérios. Parece e é, porque a plantinha, na sua modéstia, representa uma *criação*. É algo novo que surge à frente de quem aprende: cheira à vida, enquanto a História cheira a poeira, coisa velha e de pouca valia.

Para finalizar, é forçoso concluir que qualquer esforço de renovação do ensino de História depende de uma prática corajosa. Sem querer produzir mandamentos ou regras de conduta recomendável, parece necessário ter coragem de jogar no lixo a comodidade emburrecedora de anotações amarelecidas, repetidas dia após dia, classe após classe, ano após ano. É necessário ter coragem de transformar em cinzas ou adubo pilhas e pilhas de livros didáticos, lidos e relidos sem curiosidade ou vontade de qualquer tipo, já que o famoso exemplar do professor traz respostas a todas as possíveis dúvidas. É necessário ter coragem de superar e ignorar programas oficiais, burlar vigilâncias, criar e aceitar novos desafios e experiências. É necessário ter coragem de lutar de todas as formas para que, na voz de seus profissionais, a História ganhe respeito e importância, mesmo quando isso pareça impossível.

E não adianta dizer que, no Brasil, a História, enquanto disciplina, não tem importância. Do jeito que está, talvez não mereça ter, pois, se sua participação nos currículos escolares, por exemplo, é considerada pequena, a qualidade dessa participação dá o que pensar. O problema diz respeito a algo que já foi mencionado e refere-se às relações da História – enquanto estudo – com a nacionalidade. São as relações que o país mantém com seu passado que orientarão sua História presente. Ora, o país é apenas uma abstração, devendo o problema ser referido às pessoas que imaginam conformá-lo, o que também inclui os professores de História. No Brasil, a despeito de todo o discurso constitucional, são pouquíssimas as pessoas que se sentem formadoras efetivas do país, excluindo-se aqui – evidentemente – os chavões oficiais, que transformam cada um em peça indispensável à constituição do gigantesco mosaico. E como é o presente desses milhões de indivíduos que fazem-não-fazem parte do país? Alheios aos seus destinos, excluídos das ações decisórias, não há por que se interessar pela História, pois *o outro* foi, é e será sempre responsável por ela. Por isso, em nosso presente pouco sedutor, o lugar da História na formação social brasileira só pode ser o que hoje ocupa. E assim será, até que a história, "nos dois sentidos da palavra, seja *outra*".

Notas

[1] Este texto resulta da revisão de trabalho anterior – denominado "Por outras histórias do Brasil" –, inserido neste livro, desde sua primeira edição. Seu objetivo central, mantidas as principais considerações da primeira versão, é ultrapassar a inevitável datação do texto até agora editado.

[2] Jacques Le Goff, "História", em Enciclopédia Einaudi, v. 1 – Memória-História, Lisboa, Imprensa Nacional/Casa da Moeda, 1984.

[3] Jacques Le Goff, "História", em Enciclopédia Einaudi, v. 1 – Memória-História, Lisboa, Imprensa Nacional/Casa da Moeda, 1984.

As "tradições nacionais" e o ritual das festas cívicas

Circe Bittencourt

A História, enquanto disciplina escolar, não tem sido ensinada apenas nas aulas específicas destinadas exclusivamente a este saber. Conteúdos históricos estão presentes em aulas de Literatura, Música, Geografia, Artes, considerando-se que a História tem permanecido como disciplina escolar exatamente por ser a legitimadora "da tradição nacional, da cultura, das crenças, da arte, do território".

O professor de História, tendo como tarefa transmitir uma "memória nacional", não apresenta condições de cumprir isoladamente com esse trabalho. O poder governamental, ao veicular pelos diversos programas de ensino para a escola a memória histórica desejável, tem examinado a necessidade de se valer de outros instrumentos educacionais para sustentar e fazer perpetuar, na memória dos alunos, quem deve ser considerado agente histórico responsável pelos "destinos do país".

Este capítulo tem como preocupação recuperar a construção da memória histórica produzida junto e para a instituição escolar, fora do âmbito específico da sala de aula, ou seja, pelas práticas educacionais das festas comemorativas de eventos ou de homenagens aos "heróis nacionais", realizadas no decorrer das primeiras décadas do século XX.

Os programas de ensino das escolas primárias e secundárias (hoje, respectivamente, ensino fundamental e médio), no período considerado, passaram a incluir uma série de atividades que se incorporaram ao currículo, criando em sua elaboração confrontos entre os grupos dirigentes e mais ainda em relação às classes populares que ousavam realizar práticas educacionais autônomas.

As atividades programadas para a escola oficial compunham-se de comemorações relacionadas às "datas nacionais", de rituais para hasteamento da bandeira nacional e hinos pátrios, além de uma série de outras festividades que foram englobadas sob o título de "cívicas", compondo com as demais disciplinas o cotidiano escolar. Acompanhando o cuidado com que as autoridades educacionais organizaram e fiscalizaram tais práticas escolares e seguindo o conteúdo das denominadas "festas cívicas", é possível verificar que o ensino de História não era conteúdo exclusivo da ação dos professores em sala de aula. Além da "História da pátria" ser tema preferencial de livros de leitura e das músicas escolares, havia outros recursos de comunicação, com rituais e símbolos construídos para a institucionalização de uma memória nacional.

Jorge Nagle atribui a utilização de outros signos, exteriores à sala de aula, como resultado da insuficiência pedagógica da escola, especialmente da produção didática:

> Contudo, seja no caso da geografia e história pátrias, seja no caso da instrução cívica, não se pode deixar de mencionar este

obstáculo: a ausência de livros didáticos apropriados ao ensino dessas disciplinas, elaborados de acordo com a nova orientação que responde às novas exigências do nacionalismo na década dos vinte. De qualquer modo, nesse decênio começa a se operar uma mudança que deve ser ressaltada: a tendência é substituir o conteúdo "patriótico", puramente sentimental e de teor idealista de nacionalismo por um outro conteúdo que se baseia mais no "conhecimento" que se deve ter da terra e da gente brasileira. Esta nova posição decorre também do desenvolvimento que os "estudos brasileiros" tiveram a partir da década dos vinte, embora se deva dizer que, por ser recente, essa preocupação não chegou a influenciar mais incisivamente o domínio das produções didáticas. Em parte por isso, as preocupações cívicas e nacionalizadoras infiltraram-se na escola – principalmente a primária – apenas em seus aspectos exteriores, por meio de festas e comemorações, discursos e juramentos.[1]

Para Nagle, os desfiles estudantis, apresentações de ginastas e demais comemorações eram mais um apêndice, ou uma atribuição suplementar feita pela escola, do que uma atividade intrínseca à própria instituição que se encarregava de reiterar, por meio de diversas atividades pedagógicas, os valores e princípios da "unidade nacional" contidos nos projetos educacionais.

Um estudo mais global e complexo das práticas e símbolos do mundo contemporâneo realizado por Hobsbawm mostrou o relacionamento entre "o fenômeno nacional" e a construção das tradições ou invenção das tradições, como ele denomina, no sentido de legitimar os vários "nacionalismos" surgidos a partir do século xix:

As tradições inventadas são altamente aplicáveis no caso de uma renovação histórica comparativamente recente, a "nação" e seus fenômenos associados: o nacionalismo, o Estado nacional, os símbolos nacionais, as interpretações históricas e daí por diante.[2]

Dentro da perspectiva de Hobsbawm, os rituais cívicos, a construção de monumentos e demais símbolos relacionados às tradições nacionais merecem uma interpretação que ultrapasse a questão interna da organização escolar. Nesse sentido, é necessário contextualizar as atividades pedagógicas ligadas ao civismo em meio aos discursos educacionais que se fundamentavam no nacionalismo.

A escola, sob a ótica do nacionalismo vigente, era a instituição fundamental criada pela "nação" para formar o cidadão, possuindo, portanto, tarefas específicas que permeavam o conjunto das disciplinas com seus conteúdos e métodos. A escola paulista não era diferente das demais, devendo, então, cuidar de transformar o caboclo, o imigrante e o operário em cidadãos brasileiros.

O regime republicano no Brasil, ao restringir o direito de voto aos alfabetizados, colocou a escola em posição destacada para a constituição do direito político dos cidadãos brasileiros. A escola formava os futuros eleitores, mas, na medida em que a concepção de cidadania não se restringia apenas ao direito político, estendendo-se o *status* de cidadão aos trabalhadores e possibilitando o acesso destes, em princípio, aos direitos sociais, a educação escolar deveria ainda completar a formação do cidadão brasileiro. Ser cidadão, com determinados direitos garantidos, significava também cumprir obrigações e estar de acordo com valores ditados pelo poder constituído, sendo que essas normas estabelecidas integravam uma das aprendizagens fundamentais para o aluno.[3]

A escola, ao tratar dos direitos e deveres do conjunto da população, abordava temas que desmascaravam as desigualdades da sociedade brasileira, questão delicada que passou a ser cuidadosamente planejada pelos educadores no sentido de organizar um contradiscurso capaz de diluir o problema. Em vários discursos de educadores paulistas, a escola era apontada como a solução definitiva para as desigualdades sociais:

> Infelizmente entre o povo brasileiro não estão vulgarizadas, como seria para desejar, noções claras sobre a *Constituição*, principalmente no que concerne *aos direitos e deveres do cidadão*.
>
> Ora, isso é um mal que precisa ser evitado, principalmente pelo geral preconceito que ele estabelece nas classes populares – qual o de que os *direitos* só têm os ricos, e os *deveres* atingem somente aos pobres.
>
> Mas, como extirpar esse prejuízo que tão danoso nos pode ser? Educando civicamente o povo. A educação cívica deve porém partir da escola; ela é o centro, o foco donde deve irradiar o saber cívico, que salva um povo, engrandece uma nação. Eduquemos as crianças, os cidadãos do futuro; eduquem elas os desventurados que não tiveram escolas, e o problema estará resolvido.[4]

Embora o discurso colocasse a questão educacional como solução das desigualdades sociais, a luta pela ampliação dos direitos das classes populares estava ocorrendo em vários espaços, justificando a preocupação dos educadores no sentido de planejar a ação da escola nesse aspecto.

Os grupos dirigentes republicanos no Brasil tiveram que rever, no decorrer do período estudado, as relações de poder com os demais setores sociais, explicando em parte alguns acordos. Para exemplificar, foi impossível figurar na Constituição de 1934 a definição de cidadão brasileiro como apenas "os alistáveis como eleitores, ou que desempenhem ou tenham desempenhado legalmente função pública", conforme propunha o anteprojeto constitucional.[5]

Diante, portanto, dos confrontos sociais e políticos vivenciados nas primeiras décadas do século XX, com o início da industrialização e do mercado livre da mão de obra, os grupos no poder necessitaram das "tradições inventadas para reintroduzir o *status* no mundo do contrato social, o superior e o inferior num mundo de iguais perante a lei".[6]

Como a organização social brasileira fundava-se em desigualdades sociais e étnicas de fato, a opção dos republicanos foi semelhante à realizada nos demais países europeus, de maneira que

> as tradições inventadas incentivassem o sentido coletivo de superioridade das elites – especialmente quando estas precisavam ser recrutadas entre aquelas que não possuíam este sentido por nascimento ou por atribuição – ao invés de inculcarem um sentido de obediência nos inferiores. Encorajavam-se alguns a se sentirem mais iguais do que outros, o que podia ser feito igualando-se as elites a grupos dominantes ou autoridades pré-burguesas [...].[7]

A tarefa da escola pública tornava-se mais complexa ao se ver obrigada a introduzir, para alunos provenientes de diferentes setores sociais, formas de socialização comuns a todos e contraditoriamente inculcar um conteúdo alicerçado nos feitos das "elites", únicos agentes dignos de figurar no rol dos construtores da nação. A missão da escola relativa ao ensino das tradições inventadas – preferencialmente a coesão nacional em torno de um passado único, construtor da nação – justificava a preocupação na organização das atividades cívicas criadas para reforçar essa memória. As tradições nacionais não poderiam, dentro desse contexto, ser tratadas apenas pelos livros didáticos acompanhados das preleções dos professores em sala de aula. "As festas e comemorações, discursos e juramentos" tornaram-se partes integrantes e inerentes da educação escolar.

José Veríssimo, já no final do século XIX, apontava para a necessidade de se ensinar a História da pátria em todos os momentos e espaços utilizando-se de outros signos:

> Porque não é somente nas escolas ou pelo estudo dos Autores e documentos que se pode estudar a história pátria. O mínimo ao menos do conhecimento do passado nacional indispensável ao cidadão de um país livre e civilizado, e, por acaso, o que mais importa saber para despertar nele os fecundos estímulos do sentimento pátrio, há outros meios que o ensinem. Os monumentos, os museus, as coleções arqueológicas e históricas, essas construções que os nossos antepassados com tanta propriedade chamaram memórias, são outras tantas maneiras de recordação do passado, de ensino histórico, portanto, e, em última análise, nacional.[8]

As "memórias", segundo Veríssimo, para transformarem-se em nacionais, teriam de compor um conjunto homogêneo de rituais vinculados pelo culto à Pátria. A questão que se colocava para a escola situava-se na dificuldade em transmitir concretamente, para os alunos, valores mais ou menos vagos como "amor à Pátria" ou "patriotismo". Um ponto básico e aceito com certa "universalidade" e que a escola assim como as demais instituições incorporaram foi o ritual referente aos símbolos da Pátria expressos pela Bandeira Nacional, Hino Nacional e o Escudo de Armas:

> A Bandeira Nacional, o Hino Nacional e as Armas Nacionais são os três símbolos através dos quais um país independente proclama sua identidade e soberania. Por isso, eles fazem jus a um respeito e a uma lealdade imediata. Em si já revelam todo o passado, pensamento e toda a cultura de uma nação.[9]

O ritual em homenagem à Pátria, à semelhança dos demais países, consistia em produzir junto aos alunos atitudes sacralizadas: "Diante da nossa bandeira, ouvindo a música da Pátria, ficamos em atitude de culto, descobertos como diante de um altar, e sempre ufanos de ver o sagrado pendão cada vez mais alto entre os das outras nações."[10]

O culto à bandeira foi um dos temas prediletos dos militantes das denominadas "ligas nacionalistas". Coelho Netto, em publicação da Liga da Defesa Nacional de 1921, dimensionava a solenidade do culto à bandeira a um ritual religioso:

> Não há religião sem Deus nem Pátria sem bandeira.
> Prestar culto à bandeira é venerar o espaço e o tempo nos limites geográficos de uma nação e neles a raça e tudo que ela representa e abrange.

[...] Que é a bandeira? É um pano e é uma nação, como a cruz é um madeiro e é toda uma Fé.

No culto da bandeira encerram-se todos os nossos deveres, desde os que nos são ditados pelo amor até os que nos são prescritos pela Lei.

Assim como nos descobrimos diante do sacrário, que encerra a hóstia, que é o símbolo de Deus, descubramo-nos diante da bandeira, que é o símbolo da Pátria.[11]

Embora o culto sacralizado à bandeira e à pátria fosse divulgado por uma série de intelectuais como Coelho Netto e vários autores de obras didáticas e de literatura infantil, o expoente maior do civismo patriótico da época foi Olavo Bilac. Esse intelectual, autor do Hino à Bandeira e de inúmeras poesias patrióticas que foram declamadas por alunos em várias gerações, dedicou-se, nos anos finais de sua vida, à difusão do "espírito nacionalista entre a juventude", em conferências por todo o país. O estilo de propaganda de Bilac baseava-se na denúncia da ausência de patriotismo dos brasileiros como fonte principal dos males do país. O antipatriotismo dos brasileiros era fruto de uma educação mal conduzida e, segundo Olavo Bilac, a solução estaria na escola e no quartel. Fundamentando-se nesses princípios, o já então famoso poeta desenvolveu, a partir de 1916, uma intensa campanha a favor do serviço militar obrigatório:

> O nosso sonho, o nosso desejo será isto, que espero, será uma realidade. O exército nacional será um laboratório de civismo: uma escola de humanidade, dentro do patriotismo; uma escola

de energia social, começando por ser uma escola de energia nacional. Ambicionamos que todos os brasileiros passem pelo quartel, revezando-se; que cada um dê ao menos um ano da sua vida ao serviço da vida da pátria. Queremos que dentro de cada quartel haja uma aula primária; e que ao lado de cada quartel haja uma aula profissional.[12]

Escola primária e exército eram, dentro da perspectiva de Bilac, as instituições formadoras do "patriotismo". Militares e professores eram educadores identificados na missão de defender e salvar a pátria: "A escola é o primeiro reduto da defesa nacional; a menor falha do ensino, e o menor descuido do professor podem comprometer sem remédio a segurança do destino do país".[13] A missão patriótica da escola deveria ser, desde o início, a de criar a vinculação militar-povo-nação.

Um meio de iniciar a criança ou o adolescente no ritual da obediência e da valorização da pátria era a prática do escotismo. O escotismo era a educação perfeita para introduzir, desde a infância, a relação militar-povo. A prática do escotismo associada a um ritual cívico-militar foi amplamente divulgada pelos educadores inspirados em Bilac:

> Essa instituição, que, providencialmente, veio em auxílio do professor para melhorar, para aperfeiçoar as qualidades educativas da escola primária, deve ser tratada com carinho. O escotismo, por si só, vale por um programa suculento de instrução cívica. Animar o escotismo é conquistar um auxiliar poderoso no ensino da disciplina máxima da escola brasileira.[14]

Coelho Netto, inspirado nas teorias de eugenia então divulgadas, associava o escotismo à formação moral e física necessária à construção da "nova pátria":

> Foi essa intensa cultura eugênica que deu ao mundo o modelo por excelência do tipo humano: belo, sadio, corajoso, varonil e honesto – o "virtuoso", enfim.
>
> A escola que instrui deve fazer parelha com o ginásio, que educa, para que o aluno, passando por esses dois filtros, entre na vida como entrou Minerva, padroeira de Atenas, armado e esclarecido.
>
> O escotismo é uma instituição de energia, tendo por base a força, mas a força inteligente que se chama Dever, governada pela disciplina.[15]

O escotismo tornou-se uma das atividades preferidas dos filhos das classes médias urbanas, não cansando as autoridades educacionais de incentivar tais práticas. Em diversas oportunidades, o governo paulista utilizou-se de vários instrumentos para valorizar o escotismo, notadamente dando-lhe destaque em desfiles oficiais.

Em 1937, o escotismo tornou-se uma atividade diretamente subordinada à Diretoria do Ensino, com programa definido pela legislação educacional.[16] As instruções relativas à prática do escotismo nas escolas traziam implícitas o reforço dos comportamentos almejados: a obediência incondicional às autoridades constituídas e à hierarquia social, confirmando-se que "alguns são mais iguais do que outros" e merecem honrarias diferenciadas.[17]

O apelo contendo a submissão incondicional às autoridades e à ordem estabelecida como forma de demonstrar patriotismo foi reforçado nos anos finais da década de 1930, à medida que o exército brasileiro reforçava-se no poder e participava das questões educacionais.

A pedagogia formulada pelos militares inspirava-se em Olavo Bilac, como sustentação do ideário disciplinador, segundo a análise de Swartzman sobre o projeto educativo das Forças Armadas, a partir de 1937:

> A justificação simbólica deste projeto era buscada na figura de Olavo Bilac, que tivera um papel tão importante, nas primeiras décadas, no fortalecimento do Exército brasileiro e na implantação do serviço militar obrigatório. A ideia de Bilac, mais tarde retomada, era a de "formar o cidadão-soldado através da interpenetração cada vez mais estreita entre o Exército e o povo, e que tinha o serviço militar como seu principal instrumento".[18]

A idolatria pelos símbolos nacionais defendida por Bilac sofreu algumas críticas de intelectuais, seus contemporâneos. João Ribeiro, embora admirador de Bilac, fazia restrições ao "seu inoperado militarismo" a serviço do "arbitramento que institui o cidadão armado".[19] Também Frota Pessoa foi um incisivo crítico de Olavo Bilac, notadamente quanto aos apelos de sacralização que o poeta fazia na elaboração de "rituais religiosos" em homenagem à bandeira. Para Frota Pessoa, criava-se "um culto histérico" que seria responsável por inculcar nas crianças, um sentimento pervertido de pátria:

> À força de se inocular na criança essa idolatria, acabaremos formando gerações de fetichistas, para as quais o sentimento da

Pátria, ideal e nebuloso, se substituirá pela adoração a esse ídolo concreto e palpável, que se vê fulgir e tremular.[20]

Apesar das críticas formuladas, valendo registrar que foram poucas e de pouco alcance, as autoridades educacionais assumiram o ideário bilaquiano, renovando seus pressupostos no decorrer dos anos 1920 e 1930. O culto à bandeira, acompanhado do Hino Nacional, tomou-se parte integrante do conteúdo das escolas. Ao lado desse ritual, os alunos liam as obras didáticas de Olavo Bilac que foram adotadas, na maioria das vezes, em caráter obrigatório, nas escolas primárias.[21]

A introjeção do ideário de Bilac pode ser identificada pela subordinação que educadores passaram a ter em relação aos rituais impostos pelos militares. Estes passaram a ser considerados os principais agentes da preservação e do incentivo ao patriotismo. Em 1926, na *Revista Escolar,* órgão oficial da Diretoria de Ensino de São Paulo, as instruções relativas à utilização da bandeira nas festas escolares foram precedidas pela seguinte nota explicativa:

> A bem da uniformidade e para conhecimento de todos os diretores de grupos-escolares, escolas normais e ginásios do Estado – publicamos, hoje, algumas instruções sobre a Bandeira Nacional e o Hino, de acordo com os regulamentos expedidos à tropa pelo estado-maior do exército brasileiro.[22]

O ritual cívico nas escolas primárias era planejado, como se percebe, cuidadosamente, pelas autoridades e por educadores que assumiam os cargos políticos na Diretoria de Instrução paulista. Os professores recebiam, com detalhes, as regras sobre o método a ser utilizado nas festividades escolares.

O ritual cívico compreende, principalmente, os hinos patrióticos, as poesias, o culto à bandeira e a comemoração das datas nacionais. Cada uma dessas particularidades deve ser objeto de especial atenção.

Os hinos patrióticos devem ser cantados sempre com a música oficial. Já ouvi o hino à bandeira cantado com a música pertencente à partitura de uma opereta, que não prima pela moralidade de suas cenas. As poesias dos hinos deveriam ser explicitadas aos alunos, para que esses não se deixem impressionar unicamente pela sonoridade da música arrebatadora, mas que também se entusiasmem pelas belezas da letra.[23]

Assim, para as solenidades do culto à bandeira e as que se referiam ao Hino Nacional, prevaleceu essa espécie de culto sacralizado que foi sendo incorporado por professores e pelos próprios alunos. As divergências que passaram a ocorrer relacionavam-se às comemorações das "datas nacionais" e envolveram problemas mais complexos para historiadores e autoridades que se revezavam no poder.

As tradições nacionais poderiam, em princípio, ser legitimadas pela história, mas a questão que se colocava referia-se à seleção dos "acontecimentos históricos" que mereceriam transformar-se em "tradições nacionais".

As datas nacionais, construídas como memória a ser preservada e institucionalizada pelo poder, foram alvo de divergências entre historiadores, dependendo, em parte, do lugar e do momento em que se construíram os episódios do passado da "nação".

A História, valendo-se do seu poder de legitimar os agentes históricos merecedores de reconhecimento por toda a população, não podia furtar-se de ter como conteúdo introdutório, tanto na escola primária como na secundária, o estudo dos grandes "personagens históricos".[24]

> A história, ensinada pelos feitos heroicos de todos os que contribuíram para a formação da nacionalidade e pela biografia dos nossos pró-homens, tem a vantagem de evidenciar bem o nosso tradicional sentimento de liberdade e frisar bem as nossas tendências de altivez.[25]

Pode-se, assim, pela invenção das "tradições nacionais" compreender a integração entre História e a Educação Moral e Cívica na organização das disciplinas escolares do período:

> A educação cívica há de ser feita com o conhecimento de causa, as razões do patriotismo, buscadas nas origens e suas tradições, continuadas na história da formação nacional; depois da emancipação política procuramos uma emancipação econômica, bem mais difícil de conseguir.[26]
>
> Nossa educação cívica se há de cimentar pelo conhecimento das instituições nacionais, pelo estudo de nossa história e tradições, pela precisão de nosso destino e pela confissão de nossos vícios de raça e de organização social e política.[27]
>
> Assim, pois, só existe um recurso verdadeiramente eficaz que possa inocular na escola a conduta cívica e patriótica. E o exemplo dos grandes cidadãos, a história dos que a fizeram a ela própria, sobressaindo sobre a atividade anônima dos sucessos, dirigindo-a aos seus destinados e aos seus ideais.[28]

A tarefa da História, como se lê nos diversos textos citados, serviria para criar e referendar várias imagens de passado, legitimando as diferentes "tradições". A História poderia provar "o nosso tradicional sentimento de liberdade e frisar bem as nossas tendências de altivez". Poderia também mostrar corajosamente "os nossos vícios de raça", ou explicitar quais foram os construtores da nação, "os grandes cidadãos" exemplares e patrióticos.

Para os educadores das primeiras décadas republicanas, coube a invenção de "tradições nacionais" que não correspondiam exatamente às do período anterior, sob a monarquia. Uma das tradições novas que deveria compor o imaginário do brasileiro era a do "sentimento republicano" do povo, que teria se manifestado desde o período colonial. A monarquia deveria ser entendida como anomalia que se fez necessária apenas temporária e circunstancialmente na "história nacional".

Os republicanos brasileiros, a exemplo dos europeus e norte-americanos, ao inventarem tradições oficiais, preferiram "o culto aos Fundadores do País".[29] Cabia, entretanto, esclarecer quais eram os "fundadores do país" ou, ao menos, encontrar figuras consensuais que pudessem ser identificadas como representantes desse passado histórico. A questão era dificultada à medida que novos grupos sociais passaram a contestar a legitimidade dos que se haviam instalado no poder e que haviam construído uma república de acordo com determinados interesses a partir do início do século xx.

Por exemplo, Rocha Pombo marcou a origem da nação em 1822 porque

Nação soberana é só aquela que não conhece no mundo poder algum acima do seu poder, e não tem, portanto, de render a obediência a nenhuma outra nação.

Vê-se, pois que é só de 1822 em diante que temos a nossa bandeira [...].

É este – o da nossa independência – o fato mais notável da nossa história.[30]

E logo nos primeiros capítulos de seu livro, Rocha Pombo afirmava que José Bonifácio era o fundador da pátria e acrescentava: "No culto dos nossos antepassados, é ele – o Patriarca – que deve estar mais vivo em nossos corações."[31]

Predominava a intenção de manipulação característica nas tradições inventadas, ou seja, "incentivava-se o sentido coletivo da superioridade das elites" e alguns eram mais iguais do que outros. José Bonifácio, quando citado como "fundador da pátria", representava tal criação: era um homem culto, educado na Europa, um membro da "elite", um dirigente da nação.

Para Osório Duque-Estrada, mesmo referendando "as elites" como fundadores da nossa nacionalidade, a figura de José Bonifácio era colocada em segundo plano, juntamente com Gonçalves Ledo, Clemente Pereira e outros:

> Essa geração de precursores facilita e prepara a missão dos fundadores da nossa nacionalidade, representada nos grandes tipos de Gonçalves Ledo, José Bonifácio, Clemente Pereira, Januário Barbosa, Nóbrega, frei Francisco de Sampaio, Azeredo Coutinho, Alves Branco, Hipólyto da Costa, José Joaquim da Rocha e vários outros.[32]

Afrânio Peixoto, preocupado fundamentalmente com a emancipação econômica do país no momento em que se projetava a construção de uma modernidade sob o modelo industrial, não identificava no passado nenhum vulto como o "fundador do país". Lembrava a ação de vários políticos, sem, entretanto, transformá-los em pais fundadores da nação.

Em aparente oposição aos autores já citados, Sílvio Romero escrevera no final do século XIX que "a pátria somos nós" e, no decorrer da sua obra didática *Biografias ilustres*, contraditoriamente explicava: "assim os grandes nomes muito próximos de nós impedem-nos de ver o povo, que afinal é quem faz a história e vale mais do que os próprios indivíduos célebres.[33]

Para aqueles que acreditavam na separação política realizada em 1822 ou "a independência do Brasil" como marco para se determinar o momento e o lugar onde surgiu a "nação", a figura de D. Pedro I era sempre mencionada com reservas. Rocha Pombo, destacando a figura de Bonifácio, quase que ignorou D. Pedro I.

Para Afrânio Peixoto, a realeza joanina teve como maior destaque D. João VI, descrevendo D. Pedro I como "um rapaz trêfego, de maus costumes, deficiente educação, não poucas vezes generoso e desinteressado, muitas outras inconsiderado e violento".[34]

Osório Duque-Estrada colocou D. Pedro I no rol dos homens ilustres que criaram a nação, mas, significativamente, o nome do imperador apareceu apenas em nota de rodapé no capítulo: "Não obstante todos os seus erros e prejuízos, não devem ser esquecidas as figuras dos príncipes D. João VI, D. Pedro I e D. Pedro II, aos quais deve também o Brasil assinalados serviços."[35]

Esse trecho, é interessante destacar, parece contradizer os versos iniciais do Hino Nacional, lembrando que Osório Duque-Estrada foi o autor da letra deste. Situando o cenário da "fundação do país" em "Ouviram do Ipiranga, às margens plácidas" pareceria que o autor pretendia perpetuar na memória dos brasileiros a figura de D. Pedro I.

A comemoração do 7 de Setembro manteve-se consagrada pelos republicanos, minimizando-se os feitos de D. Pedro I, "criador" de uma monarquia anômala aos anseios do povo brasileiro. Prevalecia a comemoração da data da Independência como momento da "conquista da liberdade", diluindo-se os nomes dos personagens, superando por esses mecanismos o dilema de homenagear a figura monárquica:

> O Sete de Setembro recorda a conquista de nossa independência, o martírio de alguns apóstolos da autonomia, e o exemplo de um destemido grupo de patriotas à cuja frente se destacam as figuras dos fundadores da nossa nacionalidade.[36]

A construção de monumentos e estátuas era necessária para consolidar as "tradições nacionais". Para o caso de 7 de Setembro, encontramos uma interessante disputa regional entre São Paulo e Rio de Janeiro, conforme se observa na leitura de um trecho de *Através do Brasil*:

> Logo ao sair da cidade, notou Alfredo um palácio monumental sobre uma pequena coluna que se erguia no vasto campo. Antes que o menino houvesse perguntado qualquer

coisa, acudiu Rogério: – Aquele é o monumento do Ipiranga à margem do regato que passa por ali, e tem esse nome – Ipiranga – onde descansava o príncipe D. Pedro [sic], que de São Paulo voltava para o Rio, quando deu o grito de "Independência ou Morte"! Viram no Rio de Janeiro, no Largo do Rocio, a estátua de D. Pedro I?... Pois essa estátua representa o príncipe no momento em que parte para o Rio, e lança o grito histórico...[37]

A disputa pelo espaço em que ocorreu "a independência" verifica-se pela ênfase dada ao lugar – "no Ipiranga" –, que os paulistas faziam questão de destacar, mas o autor, Olavo Bilac, em que pese seu intuito de formar em todo cidadão brasileiro o "espírito de nacionalidade", relativizou a importância do local quando anuncia que o episódio ocorreu "no momento em que (o príncipe) parte para o Rio" e lembra aos leitores a estátua de D. Pedro I no Largo do Rocio, no Rio de Janeiro. O texto demonstra a presença da rivalidade entre as duas cidades, embora fosse intenção dos educadores eliminar regionalismos para se obter uma unidade pela preservação das mesmas "tradições nacionais".

A construção do espaço para a comemoração do dia 7 de Setembro, no ano do centenário da Independência, demonstrou com mais força a disputa política entre os dois maiores centros urbanos do país. Na concorrência, pelo menos por ocasião dos festejos, São Paulo foi perdedor:

> Em 1922, no Centenário da Independência, disseram que iam aprontar o Museu do Ipiranga, que iam trazer fogos de artifício.

Choveu a semana inteira, nós fomos pelo Cambuci afora de automóvel para alcançar o museu, não pudemos passar por causa da lama e fogos de artifício ninguém viu. Era só lama e breu. Os festejos foram no Rio de Janeiro.[38]

A República era comemorada no dia 15 de novembro, mas as disputas políticas entre militares e civis traziam problemas para consolidar as "tradições republicanas".

A figura de Tiradentes, recuperada pelos militares no final do século XIX, passou a se constituir em símbolo nacional, procurando-se com a rememoração do evento associar república e liberdade. Não havia, entretanto, unanimidade sobre o heroísmo do mártir da independência. As obras didáticas publicadas pelos Irmãos Maristas colocavam Tiradentes no capítulo intitulado sugestivamente de "A conspiração de Tiradentes" e interpretava-se o movimento como uma "revolta mineira inspirada na nefasta revolução francesa", e acrescentavam os autores religiosos:

> O fogoso Tiradentes não tinha prudência na sua propaganda pelos quartéis: despertou logo suspeitas [...]. Em breve, a indiscrição (talvez a traição) de um dos conjurados chamado Silvério dos Reis veio levar todo o plano ao conhecimento do Visconde de Barbacena, governador de Minas.[39]

A denúncia de Silvério dos Reis "(talvez traição)" era minimizada pelas falhas que cometeu Tiradentes, especialmente pela imprudência de aliciar portugueses para a conspiração: "[...] com efeito, os três renunciadores da conspiração, Silvério dos Reis, Brito Malheiros, Correa Pamplona, por serem portugueses, julgaram certamente cumprir um dever cívico".[40]

Os educadores maristas preferiram justificar o ato de Silvério dos Reis como tendo cumprido um dever cívico ao fazer a denúncia, depreciando na comparação a figura de Tiradentes.

Em outros autores, embora Tiradentes fosse aceito como figura digna para simbolizar a luta pela libertação, sua ação era minimizada pela presença das "elites" conspiradoras – poetas, clérigos –, e exaltava-se o caráter republicano do movimento.

Também para reforçar a ideia da "tradição republicana" como inerente ao povo brasileiro, várias obras didáticas traziam um capítulo sobre a Revolução de 1817 e os mártires republicanos que viveram o episódio.[41]

O Tiradentes e o 15 de Novembro terminaram por consolidar-se como símbolos das tradições republicanas, tentando os militares reivindicar o predomínio do ideal republicano para si. Invocavam como justificativa, entre outros, o fato de Tiradentes ter sido alferes de cavalaria. A história oficial acabou por diluir essas disputas, prevalecendo nas comemorações a vinculação entre o "ideal republicano" e a "democracia".

> O quinze de novembro lembra a realização de nossos ideais democráticos, alcançados em 1889 com a proclamação da República. [...] Vinte e um de abril é consagrado aos precursores da Independência, e a República, simbolizados em Tiradentes, que foi o primeiro mártir desses dois grandes ideais.[42]

Os anseios dos militares para figurarem na História como o esteio da nação dominou os debates com maior ou menor intensidade no decorrer do período, culminando com a consagração da figura do duque de Caxias no período pós-1937.

O sentido militarista das "tradições nacionais" aparecia na história das lutas estudadas pelos alunos das escolas. O curso de história era, por vezes, um contínuo desenrolar de batalhas e guerras, especializando-se os autores de livros didáticos em relatá-las com requintes de romance:

> Até o meio-dia, os dois exércitos se prepararam. Dispunha-se a artilharia, adarvavam-se as trincheiras, estendiam-se as alas da infantaria. Em torno, a natureza dos montes Guararapes fulgurava, magnífica e pujante, vivamente batida de um claro sol de verão. Entre os dois campos, cavava-se um pequeno vale. E, ultimados os preparativos, um silêncio profundo reinou, apenas cortado pelo estrondo das torrentes volumosas que naquele lugar se despenham dos montes, cujo nome de Guararapes vem justamente do barulho dessas águas impetuosas.[43]

Olavo Bilac e Coelho Netto, em *A Pátria brasileira*, expressaram nitidamente o sentido das lutas travadas no decorrer do passado brasileiro, com a frase final de um dos capítulos: "*delas nasceu a nação*". Destacaram-se assim, na construção da nação brasileira, primeiramente, os donos das capitanias hereditárias em suas lutas contra os índios. Depois, foi o momento do colono revestido de coragem nas batalhas contra os invasores estrangeiros. Em meio à luta, surgiu um novo herói, "o bandeirante", o homem paulista, que, armado, dominou o interior. O gaúcho foi decantado por seus feitos na Guerra dos Farrapos e finalmente foram os militares que "junto com o povo" conseguiram o Treze de Maio.

Na exaltação aos feitos militares passados, é interessante a narração sobre Cunhambebe, descrito como um grande líder indígena, como um guerreiro que ansiava por glórias, de maneira semelhante aos europeus:

> Cunhambebe desembarcava com os seus guerreiros, saqueava os estabelecimentos, retirava-se, carregado de despojos, e ia recolher a sua ligeira e terrível marinha nos recôncavos que demoram entre Angra dos Reis e a Ilha de São Sebastião.
> [...] O litoral do sul do Brasil guarda, em cada uma das suas angras, uma recordação de Cunhambebe. O nome do herói, que atrasou a colonização desta parte do Brasil, merece, apesar disso, ser lembrado – porque Cunhambebe defendia com bravura os privilégios da sua raça –, e a bravura é sempre digna de admiração.[44]

O herói duque de Caxias esteve sempre presente na maioria das obras didáticas como representante da unidade nacional. Os bandeirantes haviam conquistado o território e duque de Caxias mantivera a união da pátria. Entretanto, a associação entre os feitos dos militares e a figura do duque de Caxias foi incorporada oficialmente nas comemorações nacionais a partir de 1937. Até 1930 ainda não constava das "tradições" escolares um dia dedicado aos agentes "da segurança nacional".

Os livros didáticos escritos já em meados da década de 1930 mostravam uma tendência maior em incluir os feitos dos militares em seus textos, ressaltando a figura do soldado como cidadão defensor da Pátria, sendo representado como:

> [...] o espírito disciplinado conscientemente que me sugere todas as lutas em que se empenhou minha terra para firmar sua

soberania, quando ainda eu não era nascido, quando ninguém de minha atual família existia ainda! O soldado pensava em nós, nas gerações que viriam, e defendiam, para nossa tranquilidade, o pedaço de chão em que iríamos construir a nossa vida.[45]

E como representante dos soldados, a história legitimou o duque de Caxias, grandioso herói da guerra do Paraguai: "Na tomada da ponte de Itororó, pôde dirigir-se a seus homens, dizendo: 'Os valentes me acompanhem' por saber que ninguém deixaria de ser valente com tamanho exemplo."[46]

Também foi responsável pela "integridade do solo" nas lutas do Segundo Reinado, entendendo-se porque "vários Estados do Brasil ergueram em mármore ou bronze, monumentos a esse Marechal, que foi cidadão digno e guerreiro invencível".[47]

Acompanhando a criação das tradições dos feitos em batalhas e lutas, os bandeirantes foram destacados como "desbravadores do sertão" e como responsáveis pela formação territorial que, mais tarde, no Império, o exército se encarregou de preservar.

A leitura da produção didática dos anos 1910 e 1920 mostra que a figura do bandeirante não era apresentada de maneira a enfatizar sua origem paulista. Os feitos dos bandeirantes eram analisados preferencialmente pela versão de Capistrano de Abreu, identificando-se os valores "bravura, audácia inerentes ao povo brasileiro", excluindo dessa qualificação os portugueses e evitando dar uma conotação regionalista aos episódios das bandeiras.

Afrânio Peixoto definiu-os como "aventureiros que entravam em 'bandeiras', a princípio para caçar índios e trazê-los como escravos para serem vendidos no litoral, e depois caçar ouro, prata, pedra preciosa".[48]

Osório Duque-Estrada, que finalizou o capítulo afirmando que a tenacidade e a bravura dos filhos de São Paulo "conseguiram transformar (o Brasil) no colosso que hoje é", explicou que havia outras "entradas" empreendedoras na conquista territorial, e, sobre a origem da palavra bandeirante, disse: "A palavra bandeirante vem de bandeira, mas com o sentido de bando, donde provém também o bandido (chefe de bando)."[49]

Também Rocha Pombo escreveu genericamente que "os colonos, sentindo-se fortes, não tiveram mais medo de coisa alguma, e foram penetrando cada vez mais no meio das florestas", e terminou o tópico explicando apenas que haviam sido os "paulistas que fizeram isto".[50]

O programa de Ciências Sociais feito no Distrito Federal sob a direção de Delgado de Carvalho, um dos poucos exemplos de trabalho pedagógico na Escola Nova no período, mantinha a mesma relação dos demais conteúdos vigentes e considerados tradicionais, ou seja, *bandeirante-coragem-expansão territorial* eram sinônimos. O estudo sobre os bandeirantes estava incluído nos temas do 4º ano, cumprindo os seguintes objetivos: "Compreender e apreciar o caráter do bandeirante aventureiro, enérgico, resistente e ousado. Apreciar a contribuição do bandeirante para a expansão e conquista do território brasileiro".[51]

Como sugestão de atividades, sob o modelo do "método ativo", nesse tópico do conteúdo, aconselhava-se a dramatização de um episódio relativo às bandeiras, como, por exemplo, o descrito no "O caçador de esmeraldas", de Olavo Bilac.[52]

À medida que os discursos dos políticos paulistas determinavam que São Paulo "era a locomotiva do Brasil", o foco do progresso, da modernização, a tradição dos bandeirantes passou a incorporar "os valores de coragem, energia", como explicativos do presente progressista. O bandeirismo continuava a moldar o "espírito do paulista", omitindo-se no discurso o imigrante e o migrante dos demais estados brasileiros, determinando que *trabalhador* era o paulista.

As obras didáticas de autores paulistas procuravam ensinar aos alunos o caráter aventureiro, enérgico, resistente e ousado do bandeirante, em São Paulo, associando a imagem do passado à prosperidade dos anos 1920 e 1930:

> Ele fez de São Paulo o principal centro de povoamento do Brasil e tornou nossa terra o maior país do continente! [...] E ele se sentiu atraído pela terra, na expressão de Euclides da Cunha. Organizou entradas e bandeiras para devassá-las, reunir gado, aprisionar o gentio, derrotar quilombos, vencer emboabas, descobrir ouro, diamantes, esmeraldas. [...]
> As gerações seguintes continuaram a obra desses primitivos e destemerosos paulistas.[53]

A obra "desses primitivos" não foi, para alguns dos autores citados, apenas a expansão territorial. Eles povoaram e "impuseram ordem" na vida colonial; ao "aprisionar o gentio", ao "derrotar quilombos".

A epopeia dos bandeirantes, interpretada como um episódio que ia além da expansão territorial, mas que também havia sido capaz de impor uma organização autoritária para uma dominação, era feita em consonância com os discursos oficiais do governo paulista. A disciplina para a construção do progresso vinculou-se à tradição da epopeia dos bandeirantes:

> Com Fernão Dias Paes Leme é o próprio São Paulo que caminha à procura do Brasil, modelando a forma de brasilidade bandeirante, que é a perpétua dilatação da pátria e sua fixação dentro de um profundo sentido disciplinado e orgânico. O tipo social da "bandeira" é, na aurora da nacionalidade, o embrião político da única e vitoriosa concepção de Estado brasileiro: fraterna solidariedade dos seus membros obedientes à firme unidade do comando. Foi essa disciplina, guerreira e mística, que permitiu a posse do sertão hostil e bárbaro.[54]

A história dos bandeirantes legitimava a constituição de um Estado autoritário, disciplinado com uma população que deveria ser "obediente à firme unidade do comando". O passado bandeirístico legitimava ainda a dominação paulista frente ao Brasil, porque havia sido o bandeirante quem dilatara a pátria, implantando uma conduta disciplinadora pela sua ação "guerreira e mística". A fixação da tradição bandeirística não teve comemorações com data específica.

Marcava-se a lembrança histórica nas festividades nacionais com a apresentação de poemas decorados pelos alunos, preferencialmente "O caçador das esmeraldas", e pelos discursos das autoridades que insistentemente representavam o passado "glorioso dos bandeirantes", associado ao "vertiginoso progresso paulista". O governo de Armando de Salles Oliveira planejou a construção do "Monumento das Bandeiras", obra de Victor Brecheret, "que transcende a esse sentido para se tornar um altar cívico, uma lição perpétua de grandes exemplos, pelas memórias que evoca e uma força criadora de novas forças, pela presença imperiosa e dominadora do gênio heroico da Raça".[55]

A localização do monumento resultou de uma escolha estratégica:

> A praça será localizada no ponto em que nasce a Avenida Brasil, à entrada do Parque Ibirapuera, na intersecção da rua Manoel da Nóbrega. A reunião destes nomes – Brasil, Ibirapuera e Manoel da Nóbrega – na Praça dos Bandeirantes, tem alguma coisa de predestinado.[56]

A construção das tradições paulistas tendia a transformar-se em símbolos nacionais, dimensionando o passado de uma "raça de gigantes", mestiça e forte para legitimar a dominação do momento. Bandeirantes não eram apenas heróis dos paulistas, mas dos brasileiros, e a homogeneização do ensino se encarregaria de levar a todas as crianças do país o exemplo do "povo paulista", criador da pátria e do "nacionalismo orgânico e disciplinado", lembrando ainda que havia sido em terras paulistas, no Ipiranga, que o Brasil nascera como nação.

As "tradições inventadas" para evocar os "fundadores da Nação" eram precedidas ainda de evocações anteriores à independência, ou seja, do momento do "nascimento do Brasil", quando a civilização aqui chegou.

Para se entender a nação, era preciso realizar na memória uma aparente incongruência:

> Não nos devemos deixar enganar por um paradoxo curioso, embora compreensível: as nações modernas, com toda a sua parafernália, geralmente afirmam ser o oposto do novo, ou seja, estar enraizadas na mais remota antiguidade, e o oposto do construído, ou seja, ser comunidades humanas "naturais" o bastante para não necessitarem de definições que não a defesa dos próprios interesses.[57]

Explica-se, assim, porque o descobrimento do Brasil foi precedido, mesmo em obras dedicadas ao primário, de capítulos sobre as origens da civilização greco-latina e cristã, e assim entende-se que as "lutas nativistas" contra os invasores estrangeiros ocorreram mesmo no período da dominação portuguesa.[58]

As festividades nacionais foram, no decorrer dos anos 1920 e 1930, acrescidas de sofisticadas comemorações, ampliando-se a construção de monumentos e outros signos apontados por José Veríssimo como necessários ao aprendizado da história da pátria. A conjunção com as festas escolares tornaram-nas mais eficientes em sua ação pedagógica, como diagnosticava Lourenço Filho: "As simples comemorações, as festas, só valem pelo caráter educativo de que se revistam, isto é, pela influência que possam ter sobre a alma infantil, antes de tudo, e pela influência que possam ter sobre o meio social em que funcionar a escola."[59]

Sob essas perspectivas, as comemorações cívicas possuíam um raio de ação educativa mais amplo, abrangendo os familiares.[60]

As datas nacionais, oficialmente incorporadas ao calendário escolar e dignas de comemorações, foram assim justificadas: "As datas que festejamos são quase todas históricas; lembram grandes feitos de civismo e de amor à Pátria praticados por nossos antepassados; assinalam dias de glória e de felicidade para o Brasil; recordam fatos que enaltecem a nossa nacionalidade e o valor moral de seus filhos."

E o mesmo texto explicava a seguir cada uma das datas:

TRÊS DE MAIO – É consagrado à comemoração do descobrimento do Brasil. [...]
TREZE DE MAIO – É consagrado à comemoração da fraternidade dos Brasileiros. [...]
SETE DE SETEMBRO – Recorda a conquista da nossa independência, o martírio de alguns apóstolos da autonomia, e o exemplo de um destemido grupo de patriotas à cuja frente se destacam as figuras dos fundadores da nossa nacionalidade. [...]
QUINZE DE NOVEMBRO – Lembra a realização dos nossos ideais democráticos, alcançada em 1889 com a proclamação da República. [...]
VINTE E UM DE ABRIL – É consagrado aos precursores da Independência e da República, simbolizados em Tiradentes, que foi o primeiro mártir desses dois grandes ideais. [...]
VINTE E QUATRO DE FEVEREIRO – É a data da promulgação da nossa carta constitucional [...]".[61]

A "invenção das tradições" pelo governo paulista, traduzindo-se em rituais eficientemente manipuláveis, teve de incorporar ainda as "tradições católicas". As festas nacionais dedicadas à preservação do catolicismo eram comemoradas efetivamente nas escolas confessionais, mas não há registros para estas datas nas escolas públicas, mesmo a partir de 1931 com a introdução do ensino religioso nas escolas oficiais.

Importa destacar, quanto à incorporação das tradições católicas, a data da comemoração do "nascimento do Brasil" – 3 de maio. Essa data refere-se ao dia em que foi celebrada a primeira missa pelo "frei Henrique de Coimbra" e a cena, representada em uma tela pintada por Vitor Meireles de Lima, em 1860, foi incorporada a um grande número de manuais didáticos.

Em 1924, Jonathas Serrano procurou introduzir a presença do clero como agente que também havia contribuído para a instalação do regime republicano no país: "Um dos aspectos interessantes dos nossos movimentos revolucionários de caráter republicano, antes e depois da Independência, é a parte importantíssima que neles sempre tiveram representantes notáveis do nosso clero."

E acrescentava os nomes de alguns desses "heróis":

[...] Só na Inconfidência, quantos sacerdotes! Na revolução de 17 houve 32 representantes do clero. A ascendência moral e intelectual acarretava logicamente a influência política. Frei Caneca é a figura central no movimento pernambucano de 24. A pacificação alcançada em novembro de 1835, após a Abrilada e guerra dos cabanos, que se prolongara por quase 4 anos, foi a obra do virtuoso bispo D. João da Purificação Marquês Perdigão.

A figura de Feijó domina o cenário da Regência.[62]

E insistia sobre a impossibilidade de se levar estas figuras ao esquecimento porque estes já haviam sido consagrados pela História:

> No monumento inaugurado a 2 de julho de 1927, no largo das Cinco Pontas, em Recife, no próprio local do fuzilamento – homenagem do Instituto Arqueológico e Geográfico Pernambucano – diz-se textualmente: "Neste largo foi espingardeado, junto à forca, por não haver réu que se prestasse a garroteá-lo, o patriota Frei Joaquim do Amor Divino Caneca, republicano de 1817 e a figura mais representativa da Confederação do Equador".[63]

O 1º de Maio, "o principal ritual internacional dos movimentos socialistas operários", segundo Hobsbawm, foi, com reservas, sendo incorporado às comemorações escolares. O dia do trabalhador foi sendo transformado pelas autoridades, em Dia do Trabalho, omitindo-se a recordação da origem da comemoração. As mortes e as greves associadas à data foram "esquecidas" pela História.

Partindo-se do ideário de que "só o trabalho dignifica o homem", "não há ócio com dignidade", preferiram as autoridades educacionais paulistas e do Distrito Federal concentrar a atenção dos alunos sobre figuras que "pelo trabalho venceram na vida". Um trecho sobre o Dia do Trabalho no livro *Pindorama* expressa as intenções de inculcar o ideário da "superioridade das elites" e a crença de que estas podem se originar de elementos "do povo":

> Papai acaba de me chamar a atenção para a vida de um trabalhador prodigioso, modelo incomparável para nossa geração.

Chamou-se Irineu Evangelista de Souza, Barão e Visconde de Mauá. [...] Começou por exercer a humilde profissão de caixeiro. Mas tinha tal sede de conhecimentos de aplicação imediata, que, assim que pode, foi adquiri-los diretamente na Europa, de onde voltou para espantar os contemporâneos com sua operosidade. E durante meio século não descansou mais.[64]

Foi essa uma das formas encontradas pela escola oficial para homenagear o Dia do Trabalho e que, ao contrário das demais datas nacionais, silenciava sobre o passado, pois esse era o das lutas dos trabalhadores que deram origem ao 1º de Maio.

Os critérios e o cuidado com as comemorações das tradições nacionais a serem pedagogicamente ritualizadas pela escola servem para evidenciar as diferenças marcantes frente às demais escolas do período, em especial as Escolas Modernas.

As Escolas Modernas, almejando "cultivar os sentimentos de amor pela paz, pela instrução, pelas letras e pela humanidade, fazendo despertar na infância o desejo de uma vida fraternal, humana, livre dos prejuízos resultantes das convenções sociais",[65] construíram outras memórias, que evidentemente não coincidiam com o projeto nacionalista da Diretoria de Instrução Pública de São Paulo.

As comemorações dos eventos criados pelos grupos anarquistas começaram a ocupar inclusive os espaços destinados aos rituais oficiais, demonstrando claramente a possibilidade de sucesso de um contradiscurso. A descrição que Hardman fez de uma das primeiras homenagens a Ferrer realizada em São Paulo esclarece a ameaça que tais comemorações ofereciam às classes dominantes:

Como exemplo rico, temos as comemorações de 13.10.1911, no segundo aniversário da morte de Ferrer, com um comício popular no largo de São Francisco. Mais do que os discursos veementes em memória do fundador da Escola Moderna e em protesto contra a "reação clérico-monárquica-espanhola", expressão particular da miséria e opressão vivida pelos trabalhadores de todo o mundo, é interessante acompanhar o ritual coletivo que se desenvolve no decorrer da manifestação. Símbolos, gestos, passeatas, palavras de ordem; esses são alguns elementos que constroem um movimento especial, que tornam a manifestação algo mais amplo e vivo do que o discurso anarquista.[66]

E ainda são bastante sugestivas as cenas descritas no espaço do "mitológico largo de São Francisco" onde um operário escolheu exatamente a estátua de um "dos fundadores da nação" para proferir seu discurso: "Subindo às grades da estátua de José Bonifácio, falou em primeiro lugar, dando início ao comício, o operário serralheiro Maffei, em feliz improviso [...]."[67]

Hardman destaca, finalizando a descrição do comício, que

> a tribuna solene dos bacharéis e liberais é profanada por operários e agitadores. O movimento operário "sobe às grades da estátua". Sucedem-se os oradores: João Penteado; Lucas Masculo; Edgard Leuenroth, que, da "incômoda tribuna", enaltece a figura de Fírmin Sagristá, "artista extraordinário" condenado a 12 anos de prisão [...].[68]

As comemorações de datas, as festas com cantos ou hinos, as apresentações teatrais, as quermesses para os seguidores da pedagogia de Ferrer nas Escolas Modernas de São Paulo possuíam outro referencial, impossível de ser conciliado com o dos grupos dirigentes que comandavam as escolas públicas oficiais. Além de comemorar a morte de Ferrer, procurava-se "comemorar datas, geralmente 'esquecidas' pela sociedade, como o '18 de Março' – relativa à Comuna de Paris – ou então recuperar historicamente o verdadeiro sentido de certas datas, como o '1º de Maio' – relativo à morte dos trabalhadores de Chicago".[69] No *Boletim da Escola Moderna,* publicação da escola dirigida por João Penteado, a comemoração do 18 de Março foi assim justificada:

> A história de um povo, como a da humanidade, tem capítulos iluminados, palpitantes de vida em que vemos todo um passado refletir-se na atualidade e atravessar o espaço e o tempo, perpetuando a memória dos heróis cujos nomes constituem o mais justo motivo de orgulho para a moderna civilização e cujos exemplos sublimes de virtude nos servem de norma no presente.
> É assim, pois, que hoje, dando largas à imaginação, vemos desdobrar à nossa vista, como em fitas cinematográficas, o panorama estupendo da Comuna de Paris com todas as peripécias no desenvolvimento das tramas revolucionárias, que, embora subjetivamente representadas à nossa imaginação, tomam corpo e se avolumam à proporção que nos deixamos arrebatar pelas correntes do pensamento revolucionário que se remonta constantemente ao passado em busca de conforto e estímulo para as nossas reivindicações do presente [...].[70]

A História era, portanto, na vertente da corrente anarquista, a busca para a realização de uma possível revolução, contrariamente aos projetos dos grupos de educadores da Escola Nova que viam nas mudanças educacionais um momento de reformas dentro da própria estrutura social, procurando esgotar as possibilidades de se organizar um sistema mais eficiente sem interferir na ordem estabelecida pelo capital. Os projetos educacionais dos anarquistas e a história a ser veiculada contrariavam principalmente os grupos mais conservadores que se utilizavam do passado para justificar o sistema de dominação estabelecido, recuperando e perpetuando apenas os feitos das "elites" e omitindo estrategicamente qualquer outro agente histórico na construção da memória por eles denominada de "nacional".

Comparando-se as comemorações entre escolas oficiais e as que eram dirigidas pelos anarquistas, assim como o momento em que foram construídas, é possível perceber o confronto entre os diversos projetos educacionais em toda sua extensão. A determinação de Oscar Thompson em fechar as Escolas Modernas, em 1919, representou a segurança para que fosse possível implementar o projeto de uma escola "única", capaz de transmitir uma única cultura, um conjunto único de tradições, uma única História.

Notas

[1] Jorge Nagle, Educação e sociedade do Brasil: 1920-29, Araraquara, FFCL, 1966, p. 529, mimeo.
[2] Eric Hobsbawm e Terence Ranger (orgs.), A invenção das tradições, Rio de Janeiro, Paz e Terra, 1984, p. 22.
[3] T. H. Marshall, no livro *Cidadania, classe social e status,* explicitou que o *status* de cidadão só se adquire mediante a incorporação de três elementos que não podem estar divorciados entre si. Para se conceber um indivíduo como cidadão, é necessário que este possua os direitos civis (liberdade de trabalho, de júri), direitos políticos (votar e ser eleito) e sociais (educação, saúde e assistência social). Dentro dessa concepção,

Wanderley Santos analisou a questão da cidadania, no caso brasileiro, considerando o conceito de cidadania regulada, "que ocorre quando o Estado estende o direito de cidadão aos trabalhadores, regulamentando as profissões e ocupações e ampliando o escopo dos direitos associados a essas profissões". Wanderley Guilherme dos Santos, Cidadania e justiça, Rio de Janeiro, Campus, 1979, p. 75.

[4] Revista Escolar, São Paulo, n. 16, 1926, p. 61.

[5] O projeto da Constituinte de 1934, no Título VII *Da nacionalidade e da cidadania*, estabelecia a seguinte regra para a cidadania: "Art. 98 – São cidadãos os brasileiros alistáveis como eleitores, ou que desempenhem ou tenham desempenhado legalmente função pública". Projeto de Constituinte, v. 1, p. 155.

[6] Eric Hobsbawm e Terence Ranger, op. cit., p. 18.

[7] Idem, ibidem.

[8] José Veríssimo, Educação nacional, Porto Alegre, Mercado Aberto, 1985, p. 101.

[9] Eric Hobsbawm e Terence Ranger, op. cit., p. 19.

[10] Rocha Pombo, Nossa pátria, São Paulo, Cia. Melhoramentos, s.d., p. 8 (792 edição).

[11] Coelho Netto, Breviário cívico, Rio de Janeiro, Publicação da Liga de Defesa Internacional, 1921, p. 21.

[12] Olavo Bilac, Últimas conferências e discursos, Rio de Janeiro, Francisco Alves, 1924, p. 236. É interessante que nesse discurso Bilac afirmou que não era militarista, "e que não somos militaristas todos os que fundamos a Liga de Defesa Nacional. E é bom ainda que categoricamente afirmemos que somos pacifistas, sinceramente pacifistas".

[13] Idem, p. 60.

[14] Guilherme Kuhlmann, "O civismo nas escolas", em Revista de ensino, São Paulo, (1-4): 29, out. 1919.

[15] Coelho Netto, op. cit., p. 106.

[16] No *Anuário de ensino de 1936-37*, o diretor de ensino criou um curso de especialização em escotismo, "destinado a formar instrutores das organizações escoteiras das escolas primárias", além de definir o programa para o curso, p. 321.

[17] Guilherme Kuhlmann, op. cit., p. 29.

[18] Simon Schwartzman et al., Tempos de Capanema, Rio de Janeiro, Paz e Terra, São Paulo, Edusp, 1984.

[19] João Ribeiro escreveu um livro sobre Olavo Bilac já após a morte do poeta, em 1925, e foi publicado no Suplemento Literário de *A Manhã* em "Autores e livros", n. 20, 28.12.1941, p. 435.

[20] José Getúlio Frota Pessoa, "As perversões da educação cívica", em A educação e a rotina, Rio de Janeiro, Leite Ribeiro, 1924, p. 117.

[21] As listas de livros adotados nas escolas primárias, até a década de 1950, incluíram obras de Olavo Bilac, atingindo uma tiragem editorial inédita comparando-se com as demais obras do período.

As "tradições nacionais" e o ritual das festas cívicas 91

[22] Revista Escolar, São Paulo, n. 15, 1926, p. 90.
[23] Guilherme Kuhlmann, op. cit., p. 23.
[24] Nas primeiras séries do curso primário e para as primeiras séries ginasiais havia uma espécie de estado introdutório de História, estudando-se a biografia de figuras consideradas dignas de exemplo, tanto para o caso do Brasil como para a história universal.
[25] Guilherme Kuhlmann, op. cit., pp. 20-1.
[26] O trecho foi escrito por Afrânio Peixoto na introdução do seu livro didático *Minha terra e minha gente*, publicado em 1ª edição em 1916.
[27] José Getúlio Frota Pessoa, op. cit., p. 118.
[28] Este trecho foi extraído do prólogo escrito por João Ribeiro no livro didático de Sílvio Romero, *A história do Brasil ensinada pela biografia de seus heróis* (92. ed., Rio de Janeiro, Livraria Francisco Alves, 1915.
[29] Eric Hobsbawm e Terence Ranger, op. cit., p. 280.
[30] Rocha Pombo, op. cit., p. 9.
[31] Idem, p. 14.
[32] Osório Duque-Estrada, Noções de história do Brasil, Rio de Janeiro, Livraria Francisco Alves, 1930, p. 10.
[33] Sílvio Romero, op. cit., p. 116.
[34] Afrânio Peixoto, op. cit., p. 157.
[35] Osório Duque-Estrada, op. cit., p. 10.
[36] Idem, p. 192.
[37] Olavo Bilac e Manoel Bonfim, Através do Brasil, Rio de Janeiro, Livraria Francisco Alves, 1951, p. 255.
[38] Ecléa Bosi, Memória e sociedade: lembranças de velhos, São Paulo, T. A. Queiroz, 1983, p. 251.
[39] Primeiras lições de história do Brasil: curso elementar, Rio de Janeiro, F T D, 1922, p. 71.
[40] Idem, p. 44.
[41] Osório Duque-Estroda, escritor pernambucano, dá uma ênfase acentuada ao movimento de 1817.
[42] Osório Duque-Estrada, op. cit., p. 192.
[43] Olavo Bilac e Coelho Netto, A pátria brasileira, Rio de Janeiro, Livraria Francisco Alves, 1939, p. 122.
[44] Idem, p. 92.
[45] Ofélia Fontes e Narbal Fontes, Pindorama, Rio de Janeiro, Muniz, 1940, pp. 185-6.
[46] Idem, p. 187.
[47] Idem, ibidem.

[48] Afrânio Peixoto, op. cit., p.108.

[49] Osório Duque-Estrada, op. cit., p. 155.

[50] Rocha Pombo, op. cit., p. 77.

[51] Programa de Ciências Sociais: curso elementar, Rio de Janeiro, Departamento de Educação do Distrito Federal, Cia. Editora Nacional, 1934, p. 27.

[52] Idem, p. 52.

[53] Ofélia Fontes e Narbal Fontes, op. cit., pp. 122-3.

[54] Revista S. Paulo, ano 1, n. 4, abril de 1936. Esta revista era dirigida por Cassiano Ricardo, Menotti Del Picchia e Leven Vampré.

[55] Revista S. Paulo, n. 7.

[56] Idem, ibidem.

[57] Eric Hobsbawm e Terence Ranger, op. cit., pp. 22.

[58] Afrânio Peixoto, por exemplo, mesmo na sua obra dedicada ao curso primário, introduziu no primeiro capítulo – "As origens" – um primeiro ponto: civilização heleno-latina.

[59] Esse discurso de Lourenço Filho é citado na tese de Marta Carvalho, Molde nacional e forma cívica, p. 127 (mimeo).

[60] As comemorações cívicas realizadas em praças públicas serviriam também para "educar" as pessoas que não haviam frequentado escola, segundo demonstram os educadores quando escrevem nas revistas de ensino da Diretoria do Estado de São Paulo.

[61] Osório Duque-Estrada, op. cit., pp. 191-3.

[62] Jonathas Serrano, "O clero e a República", em À margem da história da República, Brasília, Ed. Universidade de Brasília, 1981, p. 61.

[63] Idem, p. 63.

[64] Ofélia Fontes e Narbal Fontes, op. cit., p. 99.

[65] Flávio Luizzetto, "Cultura e educação libertária no Brasil no início do século XX", em Educação e sociedade, São Paulo, Cortez, 4 (12): 63, set. 1982.

[66] Francisco F. Hardman, Nem pátria, nem patrão: vida operária e cultura anarquista no Brasil, São Paulo, Brasiliense, 1982, p. 72.

[67] Idem, p. 73.

[68] Idem, ibidem.

[69] Paulo Ghiraldelli, Educação e movimento operário, São Paulo, Cortez, 1987, p. 134.

[70] Trecho citado no trabalho de Flávio Luizzeto já mencionado anteriormente, p. 40.

Repensando a noção de tempo histórico no ensino

Elza Nadai e Circe Bittencourt

A noção de tempo, para quem se dedica a ensinar História nas escolas de ensino fundamental e médio, é uma das questões mais complexas e problemáticas. As diversas propostas curriculares do ensino de História de várias secretarias da educação apresentam o problema da noção de tempo com ênfase, indicando por esse tema a articulação com a concepção de história que se pretende veicular nas escolas. Tem sido consenso, nas propostas curriculares, como em encontros de professores de História realizados pelas diversas instituições educacionais e científicas, que a preocupação do historiador ou do professor relaciona-se com o "esforço em compreender nosso universo social pelas suas forças de mudança e resistência à mudança, suas rupturas e suas continuidades".[1] O cotidiano escolar demonstra, entretanto, uma "resistência" às "mudanças" de parcela considerável de docentes, sobretudo os de História, que enfrentam junto aos alunos e à própria comunidade escolar um desprestígio frente às disciplinas de caráter "científico". Repensar a História como disciplina escolar requer dos professores um momento de reflexão que envolve considerações que vão além dos conteúdos, metodologias de ensino e recursos didáticos. Trata-se de refletir sobre o sentido político e social da disciplina histórica. Daí a concepção da noção de tempo tornar-se fundamental. É possível, para um aluno de ensino fundamental e médio, a compreensão do tempo histórico? A faixa etária é determinante nesse processo?

Tem sido comum encontrarmos afirmações de professores, bem como na própria literatura educacional, quanto à inviabilidade de se ensinar História nos anos iniciais do ensino fundamental, dada a impossibilidade de o aluno, nessa fase, compreender a complexa e abstrata *noção de tempo*.

Essas posturas indicam que só seria possível estudar História nos anos finais do ensino fundamental (7ª e 8ª séries) ou apenas nos cursos do ensino médio, quando o aluno teria atingido amadurecimento suficiente para construir a noção de tempo, ou seja, a partir do estágio das operações intelectuais abstratas.[2]

Esses pressupostos têm servido, em parte, como fundamentos para o estabelecimento de currículos que nortearam o ensino de História, nos últimos anos,[3] para as séries iniciais do ensino fundamental. O estudo da História não tem sido explicitado tradicionalmente nos programas de integração social; criou-se um estudo introdutório do social, baseado nos círculos concêntricos pelos quais as crianças estudam o tempo e o espaço mais próximos (a escola, a família, o bairro, a cidade), seguindo-se para o estado e finalmente para a nação.

Permeando essa sequência dos estudos sociais, os contatos com o passado da nação se faz pelas figuras heroicas, pelos eventos históricos das festas cívicas. Os heróis nacionais são apresentados, de maneira geral, isolados do contexto histórico em que viveram, dos movimentos de que participaram. A imprecisão do momento em que ocorre a ação dos personagens é um dado significativo para a reflexão desse caráter "atemporal" com que são revestidos. A transmissão da ideia de um passado separado do viver social articula-se com o sentido de um tempo imutável, dogmático, porque impossibilita questionamentos sobre o sentido heroico da ação.

O conteúdo curricular inicial é ampliado a partir das séries terminais do ensino fundamental, seguindo-se o mesmo princípio enunciado – do mais próximo ao mais distante – no que se refere ao espaço e não exatamente quanto ao tempo.

Essa breve reflexão sobre a noção de tempo contida nas propostas curriculares oficiais ainda presentes na prática escolar serve apenas para indicar que há o predomínio de uma concepção de História como disciplina possível a partir da adolescência, constituindo-se o saber histórico, nos anos iniciais da escolaridade, como meramente introdutório e sem vinculação com as séries sequenciais que constituíam o antigo ginásio. A formulação curricular associada à noção de tempo considera que alunos de 7 a 11 anos, no estágio das operações intelectuais concretas, não estão em condições de uma aprendizagem do conhecimento histórico.

Há um ponto, entretanto, que é preciso frisar: ao se transmitir a ideia de nação, da ação dos heróis na construção dos eventos, há implicitamente nesse conteúdo uma concepção de história e, portanto, de tempo. Cabe ao professor explicitar e indagar qual noção de tempo tem sido (ou será) objeto do trabalho na sala de aula, na medida em que se supõe, a nível teórico, ser a História a disciplina encarregada de situar o aluno diante das permanências e das rupturas das sociedades e de sua atuação enquanto agente histórico.

Quando o professor informa a respeito do domínio que seus alunos têm sobre a noção de tempo, refere-se fundamentalmente à aprendizagem relativa à cronologia.[4] As noções de ano, década, século e milênio do calendário cristão, ou seja, a contagem do tempo de maneira uniforme, regular e sucessiva é, em geral, referenciada como sendo a noção de tempo histórico. Há, portanto, uma tendência acentuada em se identificar o tempo cronológico como a única noção de tempo histórico.

Há ainda entre os professores a preocupação quanto à periodização, a relação presente-passado, sendo comum obter respostas de alunos, quando indagados sobre a definição de História, de que esta é "a ciência que estuda o passado para compreender o presente e preparar um futuro melhor". Definições iguais ou semelhantes estão contidas nos manuais didáticos, que, em sua maioria, possuem um capítulo introdutório que define a História, estabelecendo a relação temporal presente-passado e informa sobre o tempo cronológico e as divisões da história. Esses conceitos acabam, entretanto, diluindo-se no decorrer do curso, sem articulação concreta com o conteúdo transmitido, ocorrendo na prática em geral e, para os alunos em particular, que ensinar História é, em princípio, e quase exclusivamente, comunicar um conhecimento fatual do passado.

A complexidade em examinar esse tema encontra-se também no fato de que a prática docente tem expressado, em geral, a incorporação de um referencial eclético e por vezes contraditório da leitura crítica que se fez sobre o positivismo e sua concepção de tempo linear, uniforme e evolutivo. Isso se verifica notadamente na produção didática, principal alicerce da atuação do professor. Igual destino encontrou a crítica realizada pelos historiadores dos *Annales*, em especial Braudel, com relação à história política com "seu tempo curto – o acontecimento breve".[5]

O resultado da inclusão dos "ritmos", segundo a concepção braudeliana de tempo, tem sido, em vários trabalhos didáticos, incoerente, misturando-se conceitos como feudalismo e colonialismo, introduzindo-se a conjuntura econômica em determinados capítulos e prevalecendo em outros, na mesma obra, o arcabouço da curta duração, em que predomina exclusivamente o político. Essa situação pode ser exemplificada com o estudo do Império brasileiro, geralmente dividido em Primeiro Reinado, Regência, Segundo Império e Proclamação da República, mesmo para autores que se propõem a trabalhar, por exemplo, com conjuntura econômica ou com modos de produção.

O esboço apresentado sobre alguns dos problemas do ensino da noção de tempo nas escolas tem sido o início de uma série de indagações sobre as possibilidades de uma ação mais concreta para modificar o que comumente tem sido denominado de "história tradicional". Este capítulo é parte das reflexões feitas junto aos alunos de prática de ensino da Faculdade de Educação da Universidade de São Paulo (FEUSP) e pretende abrir discussões no sentido de se rever a concepção de tempo que se desenvolve no cotidiano escolar, no momento em que se constrói novos currículos para a escola de ensino fundamental e médio.

A ORGANIZAÇÃO DA PESQUISA SOBRE A NOÇÃO DE TEMPO

O trabalho realizado no curso de prática de ensino de História na FEUSP, ao levantar, com os alunos estagiários, os problemas que envolvem a noção de tempo, no âmbito escolar, tinha como preocupação ir além das constatações das deficiências do chamado "ensino tradicional". Importava (e importa) envolver os alunos na busca de soluções alternativas para superar a situação vigente.

Mas tem sido uma constante em nosso trabalho situar uma outra questão que envolve a formulação de "soluções alternativas". Refere-se à necessidade de desenvolver, junto aos futuros professores, reflexões sobre as possibilidades de superar, em termos pedagógicos, parte do empirismo que fundamenta as novas práticas de ensino de História, acarretando equívocos consideráveis. Significa, assim, envolvermo-nos com o desenvolvimento de pesquisas na área de ensino de História, na luta por ampliar as possibilidades de trabalho do professor.

Preocupa-nos, portanto, no trabalho de formação de professores, além de proporcionar contato com a realidade escolar, momento em que se constata toda uma série de problemas educacionais que evidentemente ultrapassa as questões pedagógicas do ensino, encaminhar discussões no sentido de aprofundar a reflexão teórica do conhecimento histórico e associá-lo às pesquisas educacionais. A prática do professor deve contar com elementos de pesquisa também do próprio campo do trabalho, ou seja, da História enquanto disciplina escolar, porque, como afirma Furet, "a história, para existir como disciplina escolar, teve de sofrer várias mutações, de modo a constituir um campo do saber ao mesmo tempo intelectualmente autônomo, socialmente necessário e tecnicamente ensinável".[6]

No primeiro semestre de 1986, realizamos, com os alunos de prática de ensino, uma experiência de trabalho em que se buscava a aliança dos dois momentos considerados: o conhecimento sobre a noção de tempo histórico e uma pesquisa educacional no estágio realizado em escolas de ensino fundamental e médio. Os alunos estagiários de História, após a observação inicial junto aos professores da classe, registro e discussões em sala de aula, passaram a problematizar as questões que envolvem a noção de tempo.

As informações iniciais obtidas pelos estagiários e descritas na introdução deste capítulo possibilitaram os critérios de seleção das leituras, iniciando por Piaget. As discussões se fizeram em torno da existência de "um tempo operatório que consiste em relações de sucessão e de duração, fundadas em operações análogas às operações lógicas" e ainda do fato de "o próprio tempo operatório poder ser qualitativo ou métrico".[7] Trabalhar, portanto, com o tempo cronológico é construir o tempo operatório métrico, inerente para se formar a noção de tempo, mas não exclusivo para se construir a noção de tempo histórico.

Nessa fase das discussões, indagava-se se as dificuldades dos alunos na compreensão do tempo cronológico não estão, portanto, identificadas com as das formulações matemáticas e físicas. Dentro dessa perspectiva, por que não se questiona o nível de abstração da matemática ensinada aos alunos a partir das séries iniciais do ensino fundamental? A noção de tempo histórico constitui nível de abstração mais complexo ou a dificuldade maior encontra-se exatamente na formulação do tempo operatório, ou seja, da medida do tempo?

Seguiram-se os textos de Braudel, de Chesnaux e de Le Goff.[8] A leitura desses autores indicava possibilidade de se construir outros referenciais para a compreensão do tempo. Ao se propor, por exemplo, o estudo do cotidiano, como se coloca a noção de tempo histórico? Como superar o acontecimento breve, as curtas durações contidas no cotidiano? Como construir a noção de totalidade histórica, como expressões de infinitos níveis e ritmos diferenciados?

Indagava-se ainda como estabelecer a relação do presente-passado enfatizada por Chesnaux e a problematização como suporte do conhecimento histórico. A problematização em si indicaria os conteúdos e a periodização a serem trabalhados com os alunos?

As discussões realizadas, se por um lado indicavam encaminhamentos em termos teóricos, por outro, colocavam novas indagações que se referiam ao aluno, ou seja, quais as possibilidades concretas dos alunos para a compreensão do tempo histórico. Um primeiro passo a ser dado no sentido de se propor uma outra relação do aluno com o tempo e o espaço seria a de nos informarmos sobre como o aluno pensa o tempo. As diferenças socioeconômicas interferem fundamentalmente nesse conhecimento? Alunos com experiências de trabalho, migrantes, pensam diferentemente a noção de tempo? A idade cronológica é a única a interferir? Como a escola tem contribuído para ampliar esta noção?

Iniciamos, então, a segunda fase do trabalho do curso de prática de ensino. Os estagiários cuidariam de realizar um levantamento junto às classes em que, em princípio, faziam seus registros e observações, acompanhando o trabalho do professor.

Pela impossibilidade de se trabalhar com todos os alunos das escolas onde se realizavam os estágios supervisionados, optou-se por obter uma amostra com alunos de 5as séries, de diferentes condições socioeconômicas e de classes terminais do ensino fundamental (8as séries) e do ensino médio (3as séries). Houve também um levantamento com alunos de 4ª série.[9]

Tratava-se de estudar um grupo de alunos bastante heterogêneo, dificultando a escolha de um texto único para leitura e aplicação de questionário. A diversidade da população pesquisada nos indicou a leitura de imagem, decidindo-se por duas gravuras relacionadas ao tema trabalho. A opção por um questionário baseado em leitura de imagens trouxe novos problemas referentes à maneira de se proceder diante de documento de signos não escritos. A escolha das ilustrações foi difícil, além de se procurar reproduzi-las com o máximo de elaboração técnica para que permanecessem todos os detalhes possíveis para todos os alunos igualmente (Ver Anexo 1).

O questionário produzido teve uma primeira parte referente aos dados gerais sobre os alunos, e a segunda parte tratou da leitura das duas gravuras (Ver Anexo 2). O resultado das tabulações iniciais mostrou uma série de dificuldades para análise, uma vez que envolvia dados qualitativos, e a leitura de imagens fotográficas requeria um tratamento diferenciado, conforme indica o texto de Miriam Moreira Leite:

> Em todos os casos (da Sociologia, como da Antropologia e da História) o emprego da fotografia como recurso de pesquisa vai se estabelecer ao nível da descrição e da narrativa de aspectos visualizáveis. Como a descrição é feita em termos de alguns parâmetros ou linhas que determinam a ordem e a estrutura do conteúdo, fornecendo um comentário analítico dos fatos sociais contidos, ela e a fotografia são fases iniciais e parciais do processo de pesquisa.
>
> O processo de conhecimento que vai gerar é uma questão de meios de comunicação, ou seja, de sistemas de signos ou símbolos que transmitem significado do testemunho ao leitor, ou da fotografia aos órgãos visuais do pesquisador, criando textos intermediários orais/verbais, seja das diferentes personagens fotografadas ou contemporâneas à fotografia, seja dos grupos descritos, ou ainda do pesquisador. A fotografia deixa então de ser uma descrição, para ser uma narrativa interrompida, imobilizada num quadro único.[10]

Houve ainda uma série de variáveis para a análise dos questionários, indicando possibilidades de inúmeros estudos comparativos: a 5ª série e as classes terminais da 3ª série do ensino médio ou com a 8ª série, alunos do noturno com experiência de trabalho e alunos do diurno em cursos regulares, entre outros.

Neste capítulo, optamos pela análise das 9ªˢ séries, consideradas das mais complexas pela maioria dos educadores e que corresponde, em princípio, ao início dos "estudos sistematizados de História" e já sob a responsabilidade de docentes formados em curso superior especializado.

A NOÇÃO DE TEMPO NAS 5ᴬˢ SÉRIES

Foram escolhidas duas escolas para a análise das 5ªˢ séries, em quatro classes, num total de 104 alunos. O critério de seleção se fez baseando-se nas condições sociais econômicas e culturais diferentes dos alunos em que se pudessem verificar experiências de vida contrastantes, incluindo-se alunos do curso noturno. A decisão recaiu sobre os alunos da Escola de Aplicação da USP, que funciona na Cidade Universitária e na E. E. P. G. Octalles Marcondes Ferreira, no bairro do Campo Limpo, zona sul da cidade de São Paulo.

Os questionários foram aplicados em duas séries da Escola de Aplicação, sendo que os alunos não apresentam diferenças fundamentais entre si, frequentando o período da manhã. Na escola Octalles, foi escolhida ao acaso uma 5ª série do período da tarde e uma do período noturno. O quadro a seguir caracteriza a população pesquisada.

A leitura das respostas da primeira parte do questionário demonstrou que muitos alunos do Octalles não responderam a todas as perguntas, notadamente quanto às informações sobre os pais, ao contrário dos alunos da Escola de Aplicação. Deixar sem respostas foi para nós também considerado um ponto importante a ser destacado. Respostas em branco podem sugerir falta de informação sobre o que se solicita, mas podem também ser uma recusa sobre as razões da informação, pelo preconceito social inculcado relativo à concepção de família e de trabalho predominante na nossa sociedade.

Quadro A

Escola		Escola de Aplicação Total: 53	E. E. P. G. Octalles M. Ferreira Total: 51	
Período		Matutino	Diurno (36)	Noturno (15)
Idade dos alunos	10	3		
	11	38	10	
	12	11	16	
	13	3	8	
	14	2	1	7
	15	1		1
	16			4
	17			1
	18			1
Alunos que trabalham		1	5	3

Local de nascimento	São Paulo (Capital)	50	20	6
	São Paulo (Interior)	–	1	1
	Outros estados	1	13	5
	Estrangeiros	2	–	–
Escolaridade dos pais	Ensino fundamental	4%	92%	92%
	Ensino médio	80%	1%	1%

Os dados oferecidos no Quadro A, em que pesem as considerações anteriores que podem ser responsáveis por possíveis "invenções" nas respostas dos alunos, indicam-nos algumas questões. Acompanhando a idade dos alunos, percebe-se uma diferença importante a ser considerada: a da escolaridade regular e como essa afeta o aprendizado. Nesse sentido, é importante a comparação entre os grupos de alunos situados na faixa etária "correta" entre 10 e 12 anos para as 5as séries (81%) e as "exceções" dos 14 aos 16 (14%) para os alunos do curso noturno. O número de alunos no curso noturno que trabalham – apenas três – poderia indicar que parte desses alunos são os repetentes excluídos do período da tarde, em busca de trabalhos ou que já vivem de prestação de serviço esporádico. Assim, mesmo considerando as diferenças socioeconômicas entre os alunos do período diurno das duas escolas, o ponto de maior confronto encontra-se entre o grupo de alunos do diurno e o do período noturno.[11]

Esses dados iniciais relacionam-se com as respostas da segunda parte do questionário, evidentemente, mas são difíceis de detectar pelo tipo de pesquisa realizado, ou seja, o aluno deveria fornecer informações da leitura da imagem e responder às questões, fato esse que envolve outra leitura, a do texto e o domínio da escrita. Percebemos, por exemplo, que seria interessante obter respostas apenas orais dos alunos e comparar posteriormente com essa fase escrita, mas, tendo em vista as limitações do trabalho, pudemos, com maior cuidado, analisar as respostas dos alunos, partindo dos pressupostos que fundamentaram as questões a serem respondidas diante das suas gravuras.

A questão referente à noção de tempo cronológico (questão 13) foi respondida com maior número de acerto pelos alunos da Escola de Aplicação: 41 fizeram a leitura correta, enquanto do Octalles apenas 1 aluno respondeu acertadamente, sendo que a maioria deixou a questão em branco (80%). O resultado demonstra que a faixa etária não é o impedimento maior da aprendizagem sobre a localização do tempo, importando, porém, fundamentalmente, o trabalho da escola.

As questões 7 e 8, que retomam a noção de localização dos personagens no tempo e que não requerem o conhecimento de algarismos arábicos e de século, tiveram uma porcentagem maior de acertos pelos alunos do Octalles, tanto do diurno quanto do curso noturno. Verifica-se que os alunos têm a noção da medida do tempo localizando os fatos com critérios corretos, faltando introduzir os signos utilizados pela linguagem erudita, o que não será assimilado com apenas uma aula de História dada no início do ano letivo, quando o livro didático introduz o tema.

Piaget afirmou que o tempo constitui com o espaço um todo indissociável e este dado serviu para a elaboração da questão 5. Embora a gravura de Debret reproduzisse uma cena de venda de garapa na cidade, a maioria dos alunos associou cana e moenda com a área rural.[12] A indústria metalúrgica foi localizada pela totalidade dos alunos na cidade, demonstrando que eles estabelecem a relação industrialização e urbanização. Nas questões 9 e 10, dois alunos do Octalles do período diurno associaram espaço e tempo para justificarem a resposta. Um deles escreveu "quando meus pais eram jovens moravam no campo e lá não existia esse trabalho". Na questão 14 houve também seis alunos que justificaram a impossibilidade dos personagens das duas gravuras se conhecerem "por viverem em espaços diferentes".

As questões 1 e 2 ocasionaram o que Miriam Moreira Leite afirmara. O pedido feito para que descrevessem a cena, transformou-se para alguns alunos em narrativa, reforçando a ideia de John Berger ao afirmar que "nunca olhamos apenas uma coisa, estamos sempre olhando para as relações entre as coisas e nós mesmos".[13] Na descrição da gravura 2, todos os alunos identificaram o trabalho como sendo de escravos. Para os alunos das duas escolas, a atenção maior concentrou-se nas máquinas e no processo tecnológico. Entretanto, cinco alunos do Octalles, do período diurno, ao descreverem o trabalho dos escravos, relacionaram a escravidão a sofrimentos e injustiças, afirmando que, embora os negros trabalhassem, eram castigados, não recebiam salários, "sofriam muito". Para a maioria dos alunos, "o tempo da escravidão" exigia um trabalho mais exaustivo, e destacaram que o período da "escravidão" foi anterior ao da "industrialização", mesmo quando consideraram o trabalho com a moenda como um processo de industrialização. A anterioridade é determinada pela utilização ou não da "força humana", e alunos filhos de migrantes das zonas rurais lembraram a permanência do "trabalho duro" da "roça", semelhante, portanto, ao dos escravos.

As respostas à questão 3 indicam com vários elementos como os alunos percebem as mudanças e permanências. Os alunos da Escola de Aplicação tiveram maior facilidade em responder sobre as diferenças e semelhanças, sendo que, dos 51 alunos do Octalles, 19 deixaram em branco ou escreveram "não sei". As dificuldades maiores dos alunos do período da tarde do Octalles situaram-se na questão das semelhanças, com uma porcentagem maior de respostas em branco. As mudanças verificadas ocorreram quanto ao trabalho, para ambas as escolas, destacando-se as diferenças quanto ao uso da força humana, escravos e operários, trabalho escravo x trabalho livre, trabalho manual e trabalho com máquinas. Poucos colocaram as diferenças apenas nos aspectos tecnológicos sem que destacassem a figura humana. As permanências observadas referiram-se às necessidades do homem quanto ao trabalho.

Os ritmos e níveis braudelianos que englobam a noção de duração – as longas durações em seus ritmos lentos e a curta duração –, ritmos rápidos dos acontecimentos, foram a preocupação da questão 4, pedindo-se aos alunos que dessem um título para cada gravura.

Embora em outras respostas aparecessem informações sobre as concepções dos alunos quanto à duração, os títulos foram importantes como fonte de análise desse problema. A Escola de Aplicação, tendo em média alunos na faixa etária de 10 a 12 anos, revelou que poucos se prenderam ao tempo curto da ação da gravura, tendendo para uma concepção do acontecimento de conjuntura, conforme indicam vários títulos. Para a gravura 1, vejamos alguns exemplos:

– Homem evoluindo cada vez mais
– A tecnologia avançada
– A industrialização
– O homem e a tecnologia
– Idade contemporânea

A gravura 2 sugeriu uma relação maior com "o tempo antigo", como antigamente e Idade Média, e em número maior surgiram títulos como *A escravidão, Os escravos, A escravatura*. O tempo evolutivo aparece também junto aos alunos da E. E. P. G. como *As evoluções da máquina e dos homens* para a gravura 1 e, para a gravura 2, *Os escravos que choram de dor*. Para os alunos de faixa etária semelhante aos da Escola de Aplicação, foi significativo o número de títulos identificando a ação com um tempo mais longo, perdurando-se um sistema de trabalho, notadamente na gravura 2, com a criação de títulos predominantes como escravidão ou escravos com uma conotação da injustiça: *O trabalho escravo ofendido.*

Quanto aos níveis de duração ou a simultaneidade de fatos políticos, econômicos, sociais e culturais, a questão 12 possui a intenção de perceber essa noção junto aos alunos. Essa questão, que depende de maior número de informações, no caso políticas e mesmo de história, mostrou que os alunos com escolaridade mais constante e regular além da origem social conseguiram resultados quase semelhantes aos demais. Percentualmente, os alunos do noturno conseguiram resultados mais corretos quanto à gravura 1, que associaram, majoritariamente, com o Golpe de 1964 e com a campanha das Diretas Já (resposta de 10 alunos). As demais relações foram semelhantes para os outros casos, demonstrando ainda que as 5as séries do período da tarde das duas escolas associaram a gravura 1 à fundação de São Paulo, evidenciando que relacionaram com o espaço onde provavelmente ocorreu o acontecimento (Escola de Aplicação – 16 alunos; Octalles – 14 alunos).

Um outro aspecto que procuramos avaliar foi o atual papel da escola enquanto instituição encarregada de veicular uma cultura histórica e quais seriam os limites dessa atuação frente às informações divulgadas pelos demais meios de comunicação de massa. Os dados obtidos pelas respostas do quesito 11 estão demonstrados no Quadro B (ver p. 112).

Os meios de comunicação de massa, especialmente a televisão e o cinema, são importantes instrumentos de ensino da História pelo que se deduz do predomínio da

TV (novela e filmes) como fonte de conhecimento sobre a escravidão. A escola, mesmo com a utilização de livros didáticos repletos de ilustrações, aparece em segundo lugar. Entretanto, na Escola de Aplicação, onde se supõe maior contato com acervos didáticos, além de facilidades de estudo oferecidas pelas famílias dos alunos, constatou-se que a produção didática é um veículo significativo para a aquisição do conhecimento dos alunos.

Conclusões

Um aspecto fundamental que se obtém da leitura do levantamento realizado é que o tempo histórico ensinado nas escolas não se limita ao cronológico, à localização nos séculos e à periodização. O professor, mesmo sem uma reflexão sistemática e mais cuidadosa, desenvolve na escola uma determinada noção de tempo qualitativo. Predomina, nessa transmissão, o tempo linear e evolutivo, segundo os dados apresentados pelos alunos das 5as séries; e a escola não é a única responsável por essa transmissão de valor, ou seja, o mito dos avanços tecnológicos. Essa percepção, embora predominante no grupo de alunos referido, não é, entretanto, homogênea e apresenta contradições face ao tema exposto. O problema do racismo, implicitamente denunciado nas respostas de vários alunos, demonstra a impossibilidade da técnica solucionar questões desse alcance.

Quadro B

Escola de Aplicação	Octalles					Total
	Diurno		Noturno			
	Grav. 1	Grav. 2	Grav. 1	Grav. 2	Grav. 1	Grav. 2	
Televisão (novelas, filmes, propaganda)	7	4	1	8	3	6	29
Livros didáticos	4	5	–	2	1	2	14
Revistas e jornais	2	2	1	2	–	–	7
Sala de aula (slides)	–	–	1	1	–	–	2
Ao vivo	2	–	4	1	–	1	8

A noção de tempo cronológico, segundo se verificou, tem possibilidades reais de ser transmitida a alunos com 10 e 11 anos, como ocorreu na Escola de Aplicação. Resulta que essa informação deve ser acrescida de sua relatividade histórica, distinguindo que o tempo cronológico, a contagem do tempo, é um acontecimento histórico, ou seja, é fruto de uma determinada cultura. O valor do tempo na cultura atual mede-se pela produtividade e otimização do trabalho – tempo é dinheiro –, e essa construção de noção de tempo cronológico deve ser mostrada aos alunos. Não basta destacar que existiram outros calendários em outras culturas. Importa localizar o aluno no seu tempo e espaço, criando condições de reflexão sobre a criação histórica desse mesmo tempo e espaço.

A pesquisa realizada é limitada quanto às variáveis com que trabalhou, mas reforça a convicção das possibilidades do ensino de História a partir das séries iniciais do ensino fundamental. Os alunos percebem as durações, a simultaneidade, a sucessão, assim como as permanências e mudanças, independentemente de saber, com exatidão, a localização nos séculos.

O trabalho apresentado, produzido em conjunto com os alunos de graduação de prática de ensino, não cuidou em realizar uma pesquisa sistematizada, com resultados inovadores, mas pretendeu empreender duas tarefas: de um lado possibilitar aos futuros professores uma iniciação à pesquisa educacional, mostrando a necessidade de dominar essa área de conhecimento para avançar nas experiências em sala de aula e, de outro, abrir a discussão sobre o ensino da noção de tempo histórico, noção essa inerente ao nosso trabalho.

Anexo 1

Gravura 1

Repensando a noção de tempo histórico no ensino 115

Gravura 2

Anexo 2

FACULDADE DE EDUCAÇÃO DA
UNIVERSIDADE DE SÃO PAULO
DEPARTAMENTO DE METODOLOGIA
DO ENSINO E EDUCAÇÃO COMPARADA

Prática de Ensino de História 1
Profas. Elza Nadai e Circe Bittencourt

QUESTIONÁRIO

Nome da escola:
Endereço:

Quanto ao aluno e sua família

1- Idade
2- Sexo: Masc. ( )   Fem. ( )
3- Série
4- Período
5- Você trabalha?   Sim ( )   Não ( )
6- Em que trabalha?
7- Onde?
8- Cidade onde nasceu:
9- Estado:
10- Trabalho do pai:
11- Trabalho da mãe:
12- Escolaridade do pai:

ensino fundamental	ensino médio	ensino superior
completo ( )	completo ( )	completo ( )
incompleto ( )	incompleto ( )	incompleto ( )

13- Escolaridade da mãe:

ensino fundamental	ensino médio	ensino superior
completo ( )	completo ( )	completo ( )
incompleto ( )	incompleto ( )	incompleto ( )

14- Entre as atividades abaixo, numere de 1 a 3 aquelas que você faz com mais frequência:

( ) Assiste à TV
( ) Vai ao futebol
( ) Lê revista
( ) Viaja para outras cidades
( ) Lê livros
( ) Brinca na rua com amigos
( ) Vai ao cinema
( ) Vai a bailes ou festas
( ) Vai ao teatro
( ) Lê jornais

Quanto às gravuras que recebeu

Observe atentamente as gravuras 1 e 2 e responda as questões que se seguem:

1- Descreva o que você vê na gravura 1, destacando o que considera mais importante.

2- Descreva o que você vê na gravura 2, destacando o que considera mais importante.

3- Escreva, nos quadros correspondentes, o que você vê de igual e de diferente nas duas gravuras.

Diferenças   Semelhanças

4- Dê um título para cada gravura:
Gravura 1:
Gravura 2:
5- Identifique onde estão situadas as cenas retratadas na:

gravura 1   ( ) cidade   *gravura 2*   ( ) cidade
          ( ) campo   ( ) campo

6- As gravuras 1 e 2 referem-se a um aspecto da vida ligado a:
( ) lazer
( ) educação
( ) trabalho
( ) vida familiar
( ) política
( ) religião

7- Você acha que a situação da gravura 1:
( ) acontece hoje em dia
( ) aconteceu há 10 anos
( ) aconteceu há 50 anos
( ) aconteceu há 100 anos
( ) aconteceu há 500 anos

8- Você acha que a situação da gravura 2:
( ) acontece hoje em dia
( ) aconteceu há 10 anos
( ) aconteceu há 50 anos
( ) aconteceu há 100 anos
( ) aconteceu há 500 anos

9- Você acha que seus pais chegaram a ver na realidade a situação da gravura 1?
sim ( )   não ( )   Por quê?

10- Você acha que seus pais chegaram a ver na realidade a situação da gravura 2?
sim ( )   não ( )   Por quê?

11- Você já viu as cenas retratadas nas gravuras?
sim ( )   não ( )   Qual?
Onde foi?
12- Relacione:
1. Independência do Brasil
2. Campanha das Diretas Já!
3. Fundação de São Paulo   ( ) época da gravura 1
4. Inconfidência Mineira   ( ) época da gravura 2
5. Golpe de 1964

13- Na linha do tempo abaixo, identifique a época na qual as cenas retratadas nas gravuras 1 e 2 aconteceram.

... | XV | XVI | XVII | XVIII | XIX | XX |

14- Você acha que os homens das duas gravuras poderiam se conhecer?
sim ( )   não ( )   Por quê?

15- Se você se lembrar de outras informações sobre as cenas retratadas nas gravuras 1 e 2, escreva nas linhas abaixo.

gravura 1: _____
gravura 2: _____

Notas

[1] André Segai, "Pour une didactique de la durée", em Henry Moniot (org.), Enseigneur l'histoire des manuels à la mémoire, Berne, Peter Long Editions, 1984, p. 94.

[2] Cf. Jean Piaget, Seis estudos de psicologia, Rio de Janeiro, Forense Universitária, 1973.

[3] Ver, por exemplo, Subsídios para implementação do Guia Curricular de Estudos Sociais para o ensino fundamental, Estado de São Paulo, SE/CENP, 1980.

[4] No curso de Prática de Ensino de História na FEUSP, no estágio realizado pelos alunos de História, foram feitas algumas entrevistas com professores sobre o problema referente à noção de tempo e as respostas sempre se remediam ao conhecimento ou não do aluno sobre século, geração, a.C. e d.C.

[5] Cf. Fernand Braudel, História e ciências sociais, Lisboa, Editorial Presença, s.d.

[6] François Furet, A oficina da história, Lisboa, Gradiva, s.d., p.134.

[7] Jean Piaget, A noção de tempo na criança, Rio de Janeiro, Record, s.d., p. 12.

[8] Os alunos discutiram vários textos da obra já citada de Braudel, de Jean Chesnaux (*Hacemos tabla rasa dei pasado?*, México, Siglo XXI, 1977, caps. 5 e 8), Jacques Le Goff (*A história do quotidiano*) e George Duby et al. (*História e nova história*, Lisboa, Teorema, 1986).

[9] Foram selecionadas, no total, quatro 5ªˢ séries, duas 8ªˢ, uma 3ª série do ensino médio e uma 4ª série do ensino fundamental de diferentes escolas públicas da rede estadual e de uma escola municipal de São Paulo.

[10] Miriam Moreira L. Leite, "A imagem através das palavras", em Ciência e cultura, São Paulo, SBPC, 38 (9): 83-95, set. 1986.

[11] A preocupação que norteava a análise, inicialmente, referia-se ao problema da idade cronológica dos alunos. Como os alunos da Escola de Aplicação e os do período da tarde da E. E. P. G. Octalles Marcondes Ferreira pertenciam a uma faixa etária semelhante, a diferença predominante para um primeiro momento recaiu sobre a análise comparativa com os alunos do curso noturno.

[12] É importante destacar que as gravuras não apresentavam qualquer informação escrita. As explicações encontravam-se na obra *Viagem pitoresca e histórica ao Brasil*. (Belo Horizonte, Itatiaia; São Paulo, Edusp, 1978, pp. 272 e 275), quando Jean Debret, o autor, especifica as pranchas documentadas.

[13] Este trecho de Berger está na obra já citada de Miriam Moreira Leite, p. 92.

As camadas populares nos livros de História do Brasil

Nicholas Davies

Por que estudar a participação popular nos livros didáticos de História? Houve nos últimos anos uma tendência na historiografia brasileira no sentido de recuperar, "resgatar" o que teria sido essa participação na história brasileira. Embora os estudos das revoltas populares (o Quilombo de Palmares é o exemplo mais evidente) das condições de vida e trabalho dos dominados tenham crescido, não tiveram grande impacto nos livros didáticos de História. Entretanto, convém ressaltar que tal tendência muitas vezes apresenta uma visão parcial da participação popular, enfatizando as resistências populares à dominação e buscando encontrar heróis populares, até para se contrapor aos heróis dos grupos dominantes. Ou seja, essa participação tenderia a ser vista apenas de determinada maneira, parcial, pois idealizaria os setores populares ao não levar em conta as suas inúmeras contradições materiais e mentais.

Assim como houve, e há, resistência das camadas populares à dominação e repressão pelas camadas dominantes (fato omitido em livros didáticos conservadores), também houve passividade e apatia entre os dominados. A participação, tanto no passado como no presente, não se reduz a resistências ou iniciativas populares. Pelo contrário, tão ou mais importante é registrar e compreender a omissão e a apatia das massas frente a acontecimentos ou processos prejudiciais a elas. Em outras palavras, o que se deixa de fazer ou dizer é tão importante quanto o que se faz ou se diz, e isso vale tanto para um indivíduo quanto para uma classe social (dominante ou dominada). Assim, o realce dado a um aspecto da atuação do "povo" – a resistência – em estudos recentes, ainda que importante e necessário às camadas populares de hoje (vendo-se valorizadas na história, valorizam-se no presente, fortalecendo-se para as lutas presentes e futuras), pode resultar numa superestimação das forças populares, não levando em conta suas fraquezas. Por mais importante que seja realçar as iniciativas populares na história – até para se contrapor à história elitista, que suprime o "povo" da história, atribuindo-lhe o papel de mero receptáculo e executor das iniciativas dos grupos dirigentes –, não se deve cair em exagero nem se esquecer que o poder e a força das camadas populares são diversos e contraditórios.

Entretanto, no estágio atual de desenvolvimento dos livros, predominantemente conservadores, o realce dado a essas camadas deve merecer mais elogio do que ressalvas.

Retomando a questão proposta – Por que estudar a participação popular nos livros didáticos de História? –, diríamos que a resposta comporta várias dimensões, necessariamente ligadas entre si e apenas facetas de um mesmo objeto. Uma dimensão seria, digamos, científica, e se define pelo esforço de retratar a realidade em sua inteireza, não apenas em sua parcialidade (o polo dominante), ainda que essa parcialidade tenda a imprimir o sentido maior a essa totalidade.

Exemplificando: a instituição e manutenção da escravidão no Brasil não podem ser explicadas apenas em função dos interesses dominantes (Coroa portuguesa, mercadores lusos e senhores de engenho), ainda que tais interesses representem a força maior. Os interesses dominantes tornam-se dominantes não apenas pela sua força material ou ideológica, como também pela incapacidade de os dominados reagirem aos grupos dominadores. Portanto, o estudo dessa incapacidade dos grupos populares é tão importante para a compreensão da dominação quanto o estudo dos setores dominantes.

A natureza da dominação não reside apenas no polo dominante, mas também no polo dominado e, sobretudo, nas relações que se estabelecem entre os dois polos. Daí a importância do estudo da participação popular na história brasileira, estudo esse que não deve se caracterizar pela heroização do povo, pelo realce das resistências populares às classes dominantes. A heroização do povo pode ser consoladora, mas não ajuda a compreender a realidade, e, portanto, a transformá-la num sentido favorável às classes populares. Ao contrário, pode ser tão mitificadora quanto a história tradicional, que enaltecia os "grandes homens" das camadas dirigentes.

Uma história a serviço das camadas populares não é necessariamente uma história que fale bem delas e as coloque no altar da veneração. Essa história precisa buscar a maior aproximação possível do real, ainda que tal aproximação não conduza ao enaltecimento do "povo". Só uma história que se pretenda científica, sempre em busca da apreensão do real, pode servir autenticamente aos interesses populares. A verdade, mesmo quando amarga, é sempre mais útil do que afirmações agradáveis, porém carentes de fundamentação. Em suma, a primeira dimensão da resposta à questão proposta seria a compreensão da participação popular na história, não com finalidade de encontrar heróis das causas populares, mas sim de perceber a totalidade histórica, não redutível a um dos polos, ainda que dominante.

Uma outra dimensão do estudo dessa participação, estreitamente ligada à primeira dimensão, de retratação da realidade, é o compromisso com a transformação social. Todo conhecimento, sobretudo o das ciências humanas, relaciona-se intimamente com uma proposta de manutenção ou transformação da sociedade, mesmo que tal proposta não esteja explícita ou dela esteja consciente o produtor desse conhecimento. Em que sentido a compreensão da participação popular na história pode ajudar as camadas populares a atuarem no sentido da transformação social?

Tradicionalmente, nas poucas páginas que muitos livros didáticos dedicam a essa questão na História, as camadas populares aparecem como passivas, obedientes ou então como supersticiosas, irracionais (Revolta de Canudos). Obviamente, tal representação no passado tem importância para a atuação do povo no presente. O aluno das classes populares, que, na escola e também fora dela, recebe essa representação provavelmente tenderá a se ver e a se comportar de acordo com os estereótipos difundidos pelos grupos dominantes. Naturalmente, não é apenas a representação do passado que determina o comportamento ou a visão das camadas populares acerca de si no presente. Se a ideologia fosse mais poderosa do que as forças materiais, a realidade mudaria bem mais lentamente. Entretanto, a ideologia, mesmo não sendo determinante, ainda assim exerce efeito ponderável nas mudanças sociais. O aluno que entender a participação popular no passado, com todas as suas características e contradições, estará mais apto a atuar criticamente, sem idealização ingênua (heroização), nem autodepreciação (a história do ponto de vista conservador) da transformação social.

Livros e temas analisados

Não pretendemos fazer uma análise completa de todos os livros didáticos de História, mas cremos que os livros examinados – quase todos destinados ao antigo 2º grau (atual ensino médio) – refletem, em boa medida, as tendências não só dos livros de 2º grau, como também dos de 1º (atual ensino fundamental). Fazemos referência, também, a um autor de livro não didático, Caio Prado Júnior, cujos livros *Formação do Brasil contemporâneo*, *História econômica do Brasil* e *Evolução política do Brasil* influenciaram muitos dos livros didáticos consultados. Resolvemos incluí-lo não só por essa influência, como também porque suas obras mostram como mesmo autores marxistas ou progressistas excluem ou diluem a participação popular na história, adotando uma postura em muitos aspectos coincidentes com a história elitista.

São os seguintes os livros analisados:

(a) Francisco Alencar et al., *História da sociedade brasileira*, 3. ed., Rio de Janeiro, Ao Livro Técnico, 1985.

(b) Olavo Leonel Ferreira, *História do Brasil*, 8. ed., São Paulo, Ática, 1984.

(c) Luiz Koshiba e Denise Manzi Frayze Pereira, *História do Brasi*, 4. ed., São Paulo, Editora, 1984.

(d) Ilmar Rohloff de Matos et al. *Brasil, uma história dinâmica*, São Paulo, Companhia Editora Nacional, 1976, 2v. (para o 1º grau).

(e) Nelson Piletti, *História do Brasil*, 2. ed., São Paulo, Ática, 1983.

(f) Caio Prado Júnior, *Formação do Brasil contemporâneo*, 18. ed., São Paulo, Brasiliense, 1983.

(g) Joel Rufino dos Santos, *História do Brasil*, São Paulo, Marco Editorial, 1979.

(h) Francisco de Assis Silva e Pedro Ivo de Assis Bastos, *História do Brasil*, 2. ed., São Paulo, Moderna, 1985.

(i) Francisco M. P. Teixeira e José Dantas, *História do Brasil: da Colônia à República*, 2. ed., São Paulo, Moderna, 1979.

O eurocentrismo, a introdução da escravidão, o povoamento, a cafeicultura foram os temas escolhidos, não por uma razão especial, uma vez que outros temas, como a Independência, a industrialização, também revelariam a tendência dos livros didáticos no sentido de omitirem ou subestimarem o papel das camadas populares na história.

Eurocentrismo

A Europa como centro – mais particularmente os grupos dominantes europeus – é uma característica comum a quase todos os livros didáticos de História do Brasil. A transição da Idade Média para a Idade Moderna e a expansão comercial e marítima europeia constituem os capítulos iniciais desses livros, o que subentende a inexistência de história humana no território que viria a ser chamado Brasil, antes da chegada dos portugueses. A história indígena antes de 1500 simplesmente não existe e esses livros dedicam no máximo algumas páginas ou linhas aos índios. Mesmo assim, esses índios são vistos mais do ponto de vista folclórico, mais pela "contribuição" que teriam dado para a formação da sociedade brasileira, do que como povos com valor em si. Ou seja, a esmagadora maioria dos livros reproduz o ponto de vista dos dominantes, mesmo quando dedicam algum espaço (sempre mínimo) às sociedades indígenas, uma vez que reduzem o valor dessas à sua inserção na sociedade colonial em expansão.

Outra expressão que revela bastante o forte eurocentrismo que permeia esses livros é o "descobrimento do Brasil", cuja utilização nega a existência de sociedades indígenas antes da chegada dos portugueses e privilegia a iniciativa europeia.

De todos os livros consultados, o único que procura fugir um pouco do eurocentrismo é o de Alencar, cujo primeiro capítulo não é dedicado à transição do feudalismo para o capitalismo ou à expansão marítima e comercial europeia, mas sim a um pequeno retrato das sociedades indígenas antes da chegada dos portugueses.

A respeito desse eurocentrismo e, por extensão, do etnocentrismo (o branco por referência), muitos autores de livros didáticos podem alegar que as fontes para a história indígena na época da chegada dos portugueses inexistem ou são insuficientes. Essa alegação é infundada porque os vários europeus (Jean de Lery, Hans Staden e outros) que estiveram aqui no século XVI deixaram relatos que possibilitam traçar um quadro de algumas sociedades indígenas. Além disso, estudos feitos por antropólogos em nossos dias podem muito bem servir de base para uma descrição dos índios no século XVI, uma vez que muitos aspectos das sociedades indígenas atuais (sobretudo as mais distantes dos "civilizados") pouco ou quase nada mudaram desde aquela época. Não é, pois, por falta de dados, de base empírica, que os livros didáticos não começam a tratar primeiro dos índios, os primeiros habitantes da terra posteriormente chamada Brasil. Esse tratamento seria lógico do ponto de vista da história mais tradicional, uma vez que cronologicamente os indígenas antecedem os europeus. Portanto, o favorecimento da história europeia obedece mais a um critério ideológico do que científico.

Esse eurocentrismo e etnocentrismo se manifestam não só nos capítulos iniciais, como também ao longo de todo o texto, confundindo-se, frequentemente, com a história das classes dominantes.

Introdução da escravidão

O modo como os livros didáticos interpretam a introdução da escravidão negra no Brasil exemplifica muito bem esse eurocentrismo, esse favorecimento do polo dominante na relação entre colonizador e colonizado, como se os interesses do colonizador europeu constituíssem explicação suficiente para se entender o que se passou no Brasil. Em poucas palavras, segundo essa visão, o polo dominado obedece fielmente, passivamente, às instruções do polo dominante. A relação é apenas unilateral. Por exemplo, segundo Koshiba, fundamentado em Fernando Novais, a escravidão negra no Brasil se explica em função dos interesses mercantis lusos no tráfico negreiro. Ou seja, o escravo foi trazido da África para o Brasil porque os mercadores lusos lucravam com esse comércio, que, por sua vez, possibilitava a acumulação de capital na metrópole. A explicação se reduz, assim, ao polo dominante, aos interesses mercantis metropolitanos. Nada fala da resistência indígena à escravidão como fator que teria estimulado a introdução de escravos negros, que, por virem de regiões distintas da África e possuírem culturas e línguas diferentes, chegavam como indivíduos isolados, desenraizados e, portanto, mais facilmente manipuláveis pelos senhores. Em outras palavras, a explicação baseada no polo dominante acaba por negar o papel da participação popular (a resistência indígena, o desenraizamento do escravo negro) na implantação da escravidão negra.

Naturalmente, não se quer aqui negar o peso dos interesses mercantis metropolitanos no fomento da escravidão negra, mas atribuir esta somente àqueles interesses é não só falsear a história, desvirtuá-la, como também cair na armadilha de atribuir toda opressão e exploração apenas aos opressores e, assim, negar a participação popular (negativa ou positiva) no processo. O combate à exploração não se resolve apenas na denúncia dela e do explorador. Sem a participação, ativa ou passiva, consciente ou inconsciente, dos oprimidos e explorados, não há exploração nem opressão. A resistência indígena à escravidão e a maior facilidade – ainda que temporária – na manipulação do escravo negro (pois que desenraizado, impotente, pelo menos nos primeiros tempos) são igualmente importantes para explicar a introdução do escravo negro no Brasil.

A inadaptabilidade do índio e a adaptabilidade do negro ao trabalho agrícola e sedentário é outra explicação comum nos livros didáticos para a introdução da escravidão negra no Brasil. Francisco de Assis fala na "incompatibilidade da mão de obra indígena, com a empresa açucareira, que exigia um trabalho sistemático e dinâmico" (p. 27). Nelson Piletti comenta que a "atividade agrícola exigia maior disciplina, organização e vida sedentária" (p. 28). Segundo Francisco Teixeira, a "mão de obra [africana] [...] melhor se adapta às condições técnicas rudimentares da empresa açucareira" (p. 51), o que implicitamente quer dizer que o indígena não se prestava a tal empreendimento. Mattos fala, na p. 86, que "Já acostumados ao trabalho agrícola e sedentário, os negros resistiam mais do que os indígenas".

Essa "explicação", embora reconheça a atuação popular, ainda que de forma negativa, é nitidamente ideológica e de forte base racista. É sabido que algumas tribos praticavam a agricultura. Quem assegura que todos os negros que vieram como escravos estavam acostumados ao trabalho agrícola e sedentário? Essa suposta inadaptabilidade do índio ao trabalho metódico, regular, é desmentida às vezes no mesmo livro. Mattos, por exemplo, ao se referir às missões religiosas no período colonial, fala, na p. 122, que "Nelas os índios [...] acostumados à vida sedentária e ao trabalho agrícola". Esse trecho contradiz, assim, nitidamente o da p. 86 do livro do autor, citado anteriormente.

Aliás, esse trabalho regular, metódico, disciplinado, realizado pelos indígenas nas missões ou reduções religiosas, demonstra cabalmente a falsidade do argumento da inadaptabilidade indígena à sedentariedade etc. A própria caça aos índios, empreendida durante todo o período colonial pelos bandeirantes, que os vendiam para trabalho rotineiro na grande lavoura, entre outras atividades, revela que os senhores de engenho não nutriam preconceitos quanto à utilização do braço indígena com base na sua suposta inadaptabilidade ao trabalho metódico etc.

Temos, assim, duas explicações básicas para a introdução de escravos negros no Brasil: (a) os interesses mercantis lusos no tráfico negreiro; (b) a inadaptabilidade do índio e a adaptabilidade do negro ao trabalho na grande lavoura. A primeira, embora parcialmente verdadeira, nega a história dos índios e negros no processo e só leva em conta o polo dominante, considerando o povo como massa de manobra apenas. Nenhum elemento da história africana é considerado: o fornecimento de escravos parece depender, segundo essa explicação, apenas da vontade e dos interesses mercantis metropolitanos. A implicação política dessa visão é negar o papel das camadas populares, dos povos oprimidos na história, como se elas fossem massas moldáveis segundo os interesses dos grupos ou povos dominantes. Além de ser uma visão falsa do ponto de vista científico, pois as camadas populares também fazem a história, ainda que não necessariamente segundo seus interesses, é também perigosa em termos políticos, porquanto reduz a história à ação de grupos dirigentes e à obediência de grupos dominados, que deixam, assim, de ter qualquer papel ativo, perdendo sua humanidade.

A segunda interpretação, a inadaptabilidade do índio, além de inteiramente falsa, é racista e facilmente refutável. Embora reconheça a participação popular, o faz não no sentido de construção de uma sociedade mais justa, mas sim da manutenção das desigualdades existentes.

Povoamento

Eis uma palavra de forte carga ideológica em livros didáticos, nos quais não designa a ocupação de um espaço físico por seres humanos, mas apenas a ocupação pela sociedade colonial expansionista. O povoamento por indígenas não é considerado povoamento nesses livros. Ou seja, o povoamento na história brasileira adquire um sentido muito específico, restrito, não abrangendo qualquer ser humano, significação esta inteiramente coerente com o eurocentrismo e o etnocentrismo já apontados. Assim, mesmo autores progressistas como Caio Prado Júnior incorrem nessa falha, não só ideológica, como também anticientífica. O "povoamento" de Caio Prado e de todos os outros autores consultados deveria ser substituído por "despovoamento" e "repovoamento", para retratar fielmente a ocupação do território brasileiro desde 1500. Não consistiu a ocupação do litoral brasileiro pela cana-de-açúcar na erradicação, quando não inteiramente física, pelo menos cabalmente social, dos indígenas e na sua incorporação e/ou substituição pelo escravo negro, sem falar no elemento branco, tanto o dirigente quanto o subalterno? Não é esse processo mais bem definido pelas palavras "despovoamento" e "repovoamento", uma vez que povoamento implica a inexistência de populações humanas num determinado local?

Muitos livros didáticos estão impregnados dessa noção errônea de povoamento. Mattos, por exemplo, na p. 114 afirma que "exploração do ouro no centro do território [...] provocou um rápido povoamento". Nao havia indígenas nas atuais Minas Gerais? Ao tratar da ocupação do interior nordestino pela pecuária, vários livros não mencionam a existência de tribos indígenas aí, o que subentende um território vazio. A verdade, no entanto, parece ter sido outra, conforme mostra Alencar, na p. 45: "Neste processo pecuarista de colonização do sertão, ocorrem novos choques com os nativos. Os derrotados são, mais uma vez, os donos naturais daquelas terras." Ou seja, havia sociedades humanas, indígenas, antes da chegada do gado, que não constitui, assim, fator de povoamento do interior nordestino, mas sim de despovoamento e repovoamento.

Cafeicultura

A exemplo de tantos outros temas, a implantação e difusão da cafeicultura nas primeiras décadas do século XX não são tratadas, em muitos livros didáticos, do ponto de vista dos interesses populares. Os autores geralmente apresentam um quadro excessivamente econômico da cafeicultura: as condições ecológicas favoráveis, o investimento necessário, a comparação com a lavoura da cana, a demanda crescente do mercado internacional etc. Não se perguntam qual foi o impacto social da expansão do café, quais foram os beneficiados e os prejudicados com a "prosperidade" trazida pelo café. Até parecem supor que a "prosperidade" foi nacional, de toda a nação, de todas as classes sociais. Não mencionam os autores que a expansão do café, se trouxe prosperidade, foi só para a classe dominante (fazendeiros, comerciantes, financistas etc.). Se os volumes crescentes de café exportado fizeram brilhar os olhos das classes dominantes e tilintar seus cofres, também tiveram como consequência maior pressão sobre os escravos para que trabalhassem mais e, portanto, vivessem menos. Além disso, a expansão do café trouxe a carestia, não só nos centros urbanos, como também nas regiões rurais, ao absorver – sobretudo em períodos de alta de preços do café – terras e homens, e enfraquecer a lavoura de subsistência, como demonstra Stanley Stein no livro sobre a região de Vassouras, no atual estado do Rio de Janeiro.

Dos livros examinados, apenas um, o de Piletti (p. 112) demonstrou alguma preocupação com o impacto social da cafeicultura, ao afirmar que "a importância extraordinária do café constituiria [...] a riqueza, na medida em que trouxe divisas para o país, embora essas divisas não resultassem na melhoria das condições de vida da população, em virtude de sua concentração nas mãos de poucas pessoas".

IMPLICAÇÕES DA NEGAÇÃO DA PARTICIPAÇÃO POPULAR NOS LIVROS DIDÁTICOS DE HISTÓRIA

Através desse rápido exame de alguns livros, pretendeu-se mostrar como as camadas populares recebem pouco ou nenhum espaço na maioria deles. Ou seja, como a participação popular nos rumos da história brasileira é negada ou muito diluída e como, em contrapartida, as iniciativas e interesses das classes dominantes são ressaltadas, são enfatizadas. Naturalmente, esse exame não pretendeu ser exaustivo, mas cremos que os temas escolhidos são uma amostra adequada, ainda que limitada.

Conforme observado no início deste capítulo, pretendeu-se mostrar como a negação da participação popular no rumo dos processos e acontecimentos históricos é anticientífica, uma vez que tais rumos não são mero reflexo da vontade e de interesses dos grupos dominantes, por mais poderosos que esses sejam e por mais submissos e desorganizados que sejam os grupos populares. A história é sempre resultado dos conflitos entre camadas dominantes e dominadas, resultado não necessariamente favorável por inteiro às camadas dominantes. São esses conflitos que explicam a evolução histórica, não apenas os interesses das camadas dominantes ou das metrópoles (no caso de relações coloniais). A negação da participação popular significa atribuir inteiramente às camadas populares passividade, o que dificulta a explicação das revoltas, protestos, greves etc. Essa atribuição conduz à coisificação das massas, à transformação destas em objetos, portanto destituídas de vontade, de humanidade.

Assim, a negação da participação popular e a ênfase excessiva nos interesses dos grupos dominantes carecem de base científica, obviamente dentro da perspectiva apontada anteriormente, da história como conflitos de interesses de classes.

Cabe ressalvar que essa participação não ocorre apenas de maneira explícita, ou seja, as camadas populares não se fazem presentes apenas pelas suas organizações e movimentos, mas também pelo temor de sua participação embutido em muitas propostas e iniciativas dos grupos dominantes. A participação, mesmo a latente, potencial, faz-se presente na história, ainda que de modo difuso, não articulado ou incoerente ou invertido (no temor implícito nas propostas de grupos dominantes). Por exemplo, a criação do Ministério do Trabalho por Vargas, em 1933, e o atrelamento dos sindicatos ao governo através da intermediação do imposto sindical por aquele Ministério representam iniciativas de grupos dominantes no sentido de subtrair das organizações operárias as influências de anarquistas e comunistas, poderosas antes de 1930. Portanto, tais medidas governamentais traziam implicitamente o temor de um sindicato com orientação de oposição à ordem capitalista.

Uma segunda implicação é que, ao negarem a participação popular na história, os livros didáticos induzem o aluno das camadas populares a pensar que sua história não tem valor, que sua história não é História, que só as iniciativas dos grupos dominantes são dignas de registro, de estudo, são exemplos. Sendo induzido a desvalorizar o seu passado, o aluno provavelmente tenderá também a subestimar o seu papel na manutenção e/ou transformação do presente, o que conduz ao fatalismo, ao sentimento de impotência de transformação do mundo e à aceitação das elites para a direção da sociedade. Se os livros pintam esse quadro do passado, por que o presente será diferente? Passado e presente são indissolúveis no processo histórico, embora, para fins didáticos ou outros, sempre sejam dissolvidos, separados.

A representação da participação popular é, assim, não só uma questão científica, de esforço de apreensão do real, mas também política, uma vez que a compreensão dessa participação real (não heroica) na história permite ao aluno, tanto das camadas populares como de setores identificados com suas causas, posicionar-se melhor em relação ao presente. Se o livro não tratar da atuação popular ou apenas referir-se superficialmente a ela, o aluno tenderá a menosprezar a própria realidade (fazemos abstração de outras variáveis que moldam as representações) e a exagerar o papel dos grupos dirigentes, das elites. Se o livro procurar registrar a dimensão real (tanto quanto possível) dessa atuação, sem cair na tentação da criação de heróis populares, cheios de virtudes, de bravura, o aluno será levado a pensar a própria realidade de maneira contraditória, com interesses antagônicos, uns dominantes, outros dominados, mas nem por isso passivos, à mercê da vontade dos dominantes. Se esse aluno perceber o passado não como mero produto da ação dos grupos dominantes, mas como resultado dos conflitos de interesses entre dominantes e dominados, terá captado melhor o potencial e as limitações das camadas populares em sua luta contra as camadas dominantes e dado um passo à frente no sentido da superação da sociedade de classes.

O organizador

Jaime Pinsky
Historiador e editor. Completou sua pós-graduação na USP, onde também obteve os títulos de doutor e livre-docente. Foi professor na atual Unesp, na própria USP e na Unicamp, onde foi efetivado em concursos de professor adjunto e professor titular. Participa de congressos, profere palestras e desenvolve cursos. Atuou nos EUA, no México, em Porto Rico, em Cuba, na França, em Israel, e nas principais instituições universitárias brasileiras, do Acre ao Rio Grande do Sul. Criou e dirigiu as revistas de *Ciências Sociais*, *Debate & Crítica* e *Contexto*. Escreve regularmente no *Correio Braziliense* e, eventualmente, em outros jornais e revistas do país. Tem mais de duas dezenas de livros publicados (autoria, coautoria, e/ou organização), entre eles *A escravidão no Brasil*, *As primeiras civilizações*, *História na sala de aula*, *História da América através de textos*, *Cidadania e educação*, *História da cidadania*, *Práticas de cidadania*, *O Brasil tem futuro?*, *Faces do fanatismo*, *Turismo e patrimônio cultural* e *O Brasil no contexto*.

Os autores

Circe Bittencourt
Professora de pós-graduação na Faculdade de Educação da USP. Fez mestrado e doutorado em História Social pela FFLCH-USP. Autora ou organizadora de diversas obras nas áreas de Educação e História, entre elas *Dicionário de datas da História do Brasil*, *O saber histórico na sala de aula* e *História na sala de aula*, todos publicados pela Editora Contexto. Atualmente é professora do programa de pós-graduação Educação: História, Política, Sociedade da PUC-SP.

Elza Nadai
Foi professora de Prática de Ensino de História da USP, onde também defendeu mestrado e doutorado em História Social. Autora de importantes livros didáticos de História e de obras na área de Ensino de História.

Nicholas Davies

Professor da Faculdade de Educação da UFF. É mestre em Educação pela mesma universidade e doutor em Sociologia pela USP. Foi professor de História da rede estadual do Rio de Janeiro por nove anos.

Paulo Miceli

Professor do Departamento de História da Unicamp, é mestre e doutor em História pela mesma universidade. Foi consultor do MEC entre 2000 e 2003 e da Secretaria da Cultura do Estado de São Paulo entre 1997 e 2000. Ganhou o prêmio Jabuti – Menção Honrosa da Câmara Brasileira do Livro em 2003. Autor de importantes obras na área de Ensino de História, pela Editora Contexto, é coautor de *Historiografia brasileira em perspectiva*.

GRÁFICA PAYM
Tel. [11] 4392-3344
paym@graficapaym.com.br